ELIS REGINA

por ela mesma

Os Objetivos, a Filosofia e a Missão da Editora Martin Claret

O principal Objetivo da MARTIN CLARET é continuar a desenvolver uma grande e poderosa empresa editorial brasileira, para melhor servir a seus leitores.

A Filosofia de trabalho da MARTIN CLARET consiste em criar, inovar, produzir e distribuir, sinergicamente, livros da melhor qualidade editorial e gráfica, para o maior número de leitores e por um preço economicamente acessível.

A Missão da MARTIN CLARET é conscientizar e motivar as pessoas a desenvolver e utilizar o seu pleno potencial espiritual, mental, emocional e social.

A MARTIN CLARET está empenhada em contribuir para a difusão da educação e da cultura, por meio da democratização do livro, usando todos os canais ortodoxos e heterodoxos de comercialização.

A MARTIN CLARET, em sua missão empresarial, acredita na verdadeira função do livro: o livro muda as pessoas.

A MARTIN CLARET, em sua vocação educacional, deseja, por meio do livro, claretizar, otimizar e iluminar a vida das pessoas.

Revolucione-se: leia mais para ser mais!

MARTIN CLARET

LIVRO-CLIPPING

ELIS REGINA

por ela mesma

MARTIN CLARET

Créditos

Osny Arashiro - Pesquisador e organizador deste livro, é paulista, 44 anos, jornalista, ex-repórter agropecuário, colaborador da *Folha de São Paulo* e várias outras publicações. Escreve contos que publica em jornais diversos. Especializou-se em livros de levantamentos históricos.

IDEALIZAÇÃO E REALIZAÇÃO
Martin Claret

MIOLO
Revisão
Rosana G. Citino

Projeto Gráfico
José Duarte. T de Castro

Direção de Arte
José Duarte T. de Castro

Digitação
Graziella Gatti Leonardo

Editoração Eletrônica
Editora Martin Claret

Fotolitos da Capa
OESP

Papel
Off-Set, 70g/m²

Impressão e Acabamento
Paulus Gráfica

EDITORA MARTIN CLARET
R. Alegrete, 62 - Bairro Sumaré - CEP: 01254-010
São Paulo - SP - Tel.: (11) 3672-8144 - Fax: (11) 3673-7146

Agradecemos a todos os nossos amigos e colaboradores — pessoas físicas e jurídicas — que deram as condições para que fosse possível a publicação deste livro.

www.martinclaret.com.br

Este livro foi composto e impresso no verão de 2004.

ELIS REGINA

Índice

Elis Regina no camarim do *show Falso Brilhante* (1976):
um verdadeiro e eterno brilhante da nossa MPB.

PREFÁCIO
do Editor

O propósito da coleção *O Autor por Ele mesmo*

Martin Claret

Estudos da História moderna têm revelado que somos uma civilização construída sobre os fundamentos da escrita. O Homem, no seu aspecto histórico-cultural, tem sido, grandemente, um produto do livro.

Um recente relatório da UNESCO, sobre o hábito da leitura no mundo, conclui que nenhum outro processo de comunicação — inclusive o eletrônico — é instrumento mais adequado de treino mental e fortalecimento do poder da imaginação do que o contato humano com o material impresso de boa qualidade: o livro.

Educadores e cientistas sociais têm constatado que, ao lado da informação de massa, vem se desenvolvendo a "moderna sociedade instruída" — uma sociedade que não só garante a todos uma instrução básica, como também se preocupa com o ensino dos adultos.

No mundo de hoje e no de amanhã, jamais deixaremos de ser alunos. O educador moderno está aperfeiçoando esse ideal de educação permanente, em jovens e adultos. Nesse contexto educacional, o livro é o instrumento fundamental.

Aqui, ousamos "futurar", com o mestre Antônio Houaiss, fazendo nossas as palavras que ele escreveu em seu magnífico prefácio para A Construção do Livro, *de autoria de Emanuel Araújo: "(...) o livro, materialmente, na sua feição mais requintada ou mais generalizada presentes — folhas de papel impresso, alçadas, coligadas e vestidas numa unidade normalmente portátil (mesmo que a duas mãos) —, esse livro pode desaparecer: mas não desaparecerão, com sua fisicidade, as suas mensagens e seus códigos (...) O computador que equivaler à soma de todos os livros será um servo daqueles dialetos — da linguagem oral, que é sobretudo resultado dialético da linguagem escrita (...)*

O 'Livro' poderá, assim, para certos fins, apresentar-se sob outra técnica física. Mas, enquanto perdurar o rigor da leitura a sós, o enlevo da leitura, a emoção do manuseio sensual das páginas, enquanto isso perdurar, teremos os livros-livros, esses que estão aí tão incorporados à nossa maneira de sermos humanos (tanto assim que, onde ele não é isso, aí impera o atraso, a sotoposição, a exploração)".

Também Jorge Luis Borges, o extraordinário escritor argentino — ele amava infinitamente os livros —, conceituou, com incrível lucidez e alcance universal, a importância do livro. Eis o seu pensamento: "Dos muitos instrumentos inventados pelo homem, nenhum pode comparar-se nem de longe ao livro, porque os outros instrumentos são extensões, são mecanismo desse outro mecanismo que é o nosso corpo... Em troca, o livro é uma extensão da memória e da imaginação".

Sim, o livro — esse fundador de civilizações — continuará a influenciar, com dinâmico impacto, o infinito universo de nossas possibilidades.

Nós, que existimos e nos movemos no mundo dos livros; nós, que criadoramente amamos o livro em todas as suas formas e tecnologias, acreditamos, substantivamente na função do livro.

A criação e a publicação desta coleção O Autor por Ele Mesmo *— são o resultado final de uma pesquisa de campo, em que se detectou um perfil de leitor: o jovem com um projeto de* vida, desejoso de saber mais e consciente da necessidade de atualizar o seu potencial. Vem para atender a uma necessidade cultural e de mercado.

A coleção O Autor por Ele Mesmo não é uma simples série de fascículos, de seqüência obrigatória. É uma biblioteca permanente de livros independentes. Dinamicamente ilustrado, foi diagramado para oferecer uma leitura fácil e agradável.

É um moderno e informativo estudo, destinado principalmente à juventude.

Os doze primeiros personagens foram selecionados pela nossa coordenação editorial, mas a coleção é uma proposta aberta e aceita permanentemente sugestões editoriais e de títulos. O limite quantitativo da coleção será determinado pelos próprios leitores.

Nosso projeto editorial é oferecer o livro ciberneticamente construído — o livro-clipping — cujas características sejam: custo barato, "livro para ler"; encontrável em qualquer parte e elaborado de forma a atender à nossa realidade cultural e socioeconômica. Nosso modelo para inovar foi copiar o processo criador da própria Natureza — "fazer o novo a partir do velho".

Acreditamos lobatianamente ("um país se faz com homens e livros") que a leitura de textos fundamentais dos grandes personagens da Humanidade é benéfica, instrutiva e motivadora em si, com força capaz de complementar convenientemente a formação da mentalidade das gerações presentes e futuras, despertando potencialidades e vocações.

Participe positivamente.

Você nunca é o mesmo depois de ler um livro.

Livro muda as pessoas.

Livro muda o mundo.

Leia mais para ser mais!

Elis, desde o início, demonstrou personalidade, técnica vocal e um profissionalismo sem par, 1960.

ELIS REGINA
Um Estudo

Nasce uma estrela

Neusa Ribas

Apelidada de "Pimentinha" por Vinícius de Morais, Elis Regina sempre foi uma figura discutida por causa do seu temperamento. Autêntica, sincera, explosiva, briguenta, agressiva, foram alguns dos vários adjetivos atribuídos a Elis duranda coragem. Coragem para dizer o que pensava, para denunciar, para lutar, para botar a boca no mundo.

E foi por ser assim que Elis, aos dezoito anos de idade, deixou sua família, deixou Porto Alegre com pouco dinheiro na bolsa, depois de brigar com Maurício Sirotsky Sobrinho, seu primeiro empresário, por causa de uma suspensão de três dias na Rádio Gaúcha. Na ocasião ela disse que iria para o Rio de Janeiro e foi. Somente em 1980 ela e Sirotsky voltaram a falar um com o outro.

O descobrimento de Elis aconteceu quando ela tinha doze anos, por meio de um programa chamado *Clube do Guri*, da Rádio Farroupilha. No dia em que foi lá cantar, Elis ficou tão nervosa que seu nariz começou a sangrar durante a apresentação. Para piorar as coisas, ela empatou com uma outra concorrente e teve de bisar o número. Com o desempate a seu favor, Elis foi contratada pelo programa, no qual permaneceu até os quinze anos, trabalhando como uma espécie de secretária do apresentador Ary Rego.

Depois, empresariada por Sirotsky, Elis foi contratada para apresentações na Rádio Gaúcha. Em 1961 gravou *Viva a Brotolândia*, seu primeiro LP pela Continental. A gravação de mais dois LPs, em que foi obrigada a cantar ritmos importados, mais o desentendimento com o empresário, levaram Elis a se mudar para o Rio com a firme determinação de não "continuar prevaricando musicalmente".

"Quando conheci Elis Regina, em 1961, em Porto Alegre, disse-lhe, sem saber que estava fazendo profecia, que ela viria a ser a maior cantora do Brasil, se quisesse. E ela quis, apesar dos esforços da Continental, que queria fazer dela uma espécie de Cely Campello da época", lembra o radialista Walter Silva.

No Rio, Elis foi para o Beco das Garrafas, o reduto jazzístico do Brasil. De lá, saltou para São Paulo onde participou de *shows* de bossa nova no Teatro Paramount. Com *Menino das Laranjas*, de Théo de Barros tornou-se conhecida do público, mas só com *Arrastão*, de Edu Lobo e Vinícius de Morais é que Elis estourou. Não se preocupando em dosar a emoção, espontânea, agitando os braços como remos estendidos no ar, Elis impressionou o público do I Festival da TV Excelsior.

Contratada em 1965 pela TV Record para comandar, juntamente com Jair Rodrigues, o *Fino da Bossa*, Elis Regina torna-se estrela do programa, que lidera até 1967. Nesse período lançou muitos sucessos e aprendeu com o bailarino Lennie Dale a usar o corpo no palco.

Em 1967, famosa, casa-se com o jornalista e compositor Ronaldo Bôscoli, autor de *Lobo Bobo*. A cerimônia foi suntuosa: ele de fraque; ela com um véu de 10 metros de cauda, confeccionado por Denner, o costureiro da época.

Depois de revelar muitos compositores novos — Théo

de Barros, Milton Nascimento, Baden Powell, Gilberto Gil, entre outros — no *Fino*, chegou a vez de Elis "revelar-se" na Europa: no Olympia de Paris é aplaudida por mais de duas mil pessoas que exigem sua volta à cena seis vezes. Nessa noite, 1.900 compactos de *Upa Neguinho* foram vendidos. De Paris, parte para cantar na Holanda, Bélgica, Suíça e Londres. Dessa viagem resultaram dois LPs: um com o gaitista Toots Thielemans e *Elis in London*.

Um disco com Pelé, rivalidade com Roberto, ironizando Caetano

Quando, em 1969, Elis grava um compacto com Pelé, uma avalanche de críticas cai sobre ela. "Eu adoro Pelé", defendeu-se ela. "Quando um amigo como ele me pede para fazer o favor de gravar suas músicas, eu não sei recusar."

A rivalidade, iniciada no tempo de *O Fino da Bossa* e *Jovem Guarda,* entre Elis e Roberto, e que resumia a discussão que dividia o público dos dois programas, só acabou em 1969, quando Elis reconheceu que "Roberto é mesmo um grande cantor; eu posso mudar de opinião, não é? *Se Você Pensa* é a mais contundente música sobre o relacionamento entre duas pessoas, a que explora e a que é explorada sentimentalmente".

Além dos atritos com Roberto Carlos, Elis rivalizou com todas as suas forças com todos os tropicalistas. Fazendo parte da ala dos conservadores, dos preservadores da autêntica manifestação musical brasileira, Elis não aceita o tropicalismo. Foi também por volta de 1969 que Elis finalmente reabilitou Caetano Veloso, declarando: "Ele é o maior poeta, o autor das mais belas letras da música brasileira. Eu não gostava dele porque tudo o que ele dizia ou cantava servia de carapuça para mim". Por essa época, Elis grava Roberto e Caetano.

Essa declaração não evitou, no entanto, que, em 1978, no *show Transversal do Tempo*, Elis voltasse a atacar, ironizando Caetano e sua música *Gente*. Elis embarcava no patrulhismo ideológico, que perseguiu Caetano por quase dois anos.

Voltando no tempo, em 1970, Elis deu à luz seu primeiro filho, João Marcelo. Antes, enquanto estava grávida, foi aconselhada pelo médico a guardar repouso absoluto. Mas, desobedecendo à ordem, foi para o palco do Canecão do Rio apresentar-se com Bôscoli e Miele. "Gravidez não é doença, não quero que vejam meu *show* como se ele fosse feito por uma anormal. Não sou uma mulher grávida cantando. Sou uma cantora e, por acaso, estou grávida. Nada mais".

Por essa época, Elis lança *Madalena*, de Ivan Lins e Ronaldo Monteiro. O sucesso nacional acontece novamente. Com Ivan fez *Som Livre Exportação*, da TV Globo e grava novos sucessos.

A partir daí, Elis perde a espontaneidade que caracterizou o início de sua carreira. Preocupada com o refinamento e com a técnica, ela chega à frieza interpretativa. Críticos e público reagem, contestando a nova Elis. Pessoas que antes a consideravam a melhor cantora brasileira, começam a ter dúvida a respeito.

Com a separação, em 1971, de Ronaldo Bôscoli, Elis une-se a César Camargo Mariano, um competente maestro-arranjador. Dessa união nascem Pedro e Maria Rita e o equilíbrio entre a espontaneidade e a técnica nas interpretações de Elis.

"Que minha música seja escutada com o mesmo carinho com que é feita. E que não perca o fôlego nesse longo mergulho que é chegar até vocês."

Gravando com Tom, seu ídolo

Em 1974 Elis realiza o velho sonho de gravar com Tom Jobim. Antes de fazer o convite, porém, uma dúvida: "Como ele receberá a idéia? E, depois, como receberá a mim?". Tom, consultado nos Estados Unidos (onde vivia) pela gravadora de Elis, aceitou imediatamente o convite, mas, de seu lado, sofria com as mesmas apreensões.

Detalhes acertados e depois de um encontro comovido no aeroporto, os dois foram para o estúdio gravar aquele que foi considerado pela crítica um dos melhores discos da carreira de Elis. *Elis e Tom* também foi sempre o disco preferido da cantora. O motivo? "É porque gravei com meu ídolo. Na música popular brasileira de hoje somos todos conseqüência da criatividade, da coragem de um Jobim. Mesmo passados dez anos, quinze anos, sua obra mais antiga continua refletindo uma vigorosa força imaginativa. E eu, que comemoro uma década de gravadora, decidi me apoiar na obra de Tom Jobim e por meio dela contar a história do meu trabalho. Foi um encontro muito necessário."

Sonho concretizado, Elis parte, em 1975, para uma jogada mais ousada: realizar um superespetáculo, em que, ao lado de 21 pessoas — músicos e pessoal de montagem —, ela cantaria, dançaria e contaria sua vida. Um *show* elaborado, antológico, perfeito. Para montar *Falso Brilhante*, Elis vendeu casa e endividou-se com a Philips. Mas o resultado valeu: um ano e quatro meses em cartaz no Teatro Bandeirantes, em São Paulo, renderam uma bela casa na Serra da Cantareira, onde Elis só não teve carneiros e cabras pastando em seu jardim.

A tranqüilidade na Cantareira só foi abalada por uma briga memorável (mais uma) entre Elis, Miriam Muniz (diretora do *show*) e Naun Alves de Souza (cenógrafo) na disputa por porcentagens.

Na linha dos grandes espetáculos

Terminada a temporada de *Falso Brilhante*, Elis recolheu-se por um ano para curtir a gravidez de Maria Rita. Inquieta, no entanto, já esboçava um novo *show*, cuja idéia culminou num engarrafamento de trânsito, no qual Elis ficou presa por muito tempo dentro de um táxi.

"Você sabe que o sinal de trânsito só vai ser aberto quando o guarda resolver abrir. Enquanto isso, você está dentro de um táxi e tudo acontecendo. Você imagina saídas, mas o sinal não abriu, o que podemos fazer? Ficamos sentados, dentro de um táxi, numa transversal do tempo, esperando. Não te perguntam nada, não te pedem opinião."

Transversal do Tempo estreou em Porto Alegre e seguiu para Lisboa, Roma, Milão, Barcelona. Só depois foi montado no Rio, em Fortaleza, Recife, Salvador, Belo Horizonte, São Paulo e Curitiba.

Mudando de gravadora em 1979 (deixou a Phonogram pela WEA), Elis gravou *Essa Mulher*, ao mesmo tempo em que a Phonogram lançava *Elis Especial*, uma seleção mal elaborada que incluía até trilhas de ensaio, numa clara vingança da gravadora por Elis ter interrompido o contrato sem gravar alguns fonogramas obrigatórios.

Mas a vingança não deu em nada, porque, a seguir, Elis estreava com *Saudade do Brasil*, mais um belo espetáculo repleto de público. Nesse *show*, Elis colocou 25 bailarinos amadores no palco: "Não estou preocupada em mandar cromar minha orelha e sair pra rua pra chamar atenção. Não passo o dia olhando pro umbigo pra ver se nasce um pé de couve. Não sei fazer isso no palco. Meu problema agora não é o cantar, mas como usar esse cantar, o nome Elis Regina, o Canecão de portas abertas, pra botar 25 amadores no palco, porque nem a Globo nem o Teatro Municipal vão dar chances para eles, e muito menos o Eliezer de Carvalho, que está importando músicos".

Desse espetáculo nasceu um álbum duplo, com o mesmo nome, lançado pela WEA. Em julho de 1981, Elis estréia o espetáculo *Trem Azul*, em São Paulo.

Recentemente, Elis havia assinado contrato com a Som Livre. O início das gravações do disco estava marcado para o dia 27 de janeiro. As músicas *Me deixas louca* (Armando Manzareno, versão de Paulo Coelho) e *Amor* (poema de Maiacovski, musicado por Caetano Veloso) já estavam gravadas.

Sou uma pessoa que adora viver

Separada de César Camargo, Elis começou a namorar o advogado Samuel McDowell de Figueiredo. Cheia de planos, entusiasmada com a nova gravadora e com o novo amor, Elis morreu quando iniciava uma nova etapa em sua vida.

Em uma de suas últimas entrevistas, Elis dizia: "Acho que melhorei incrivelmente, muitas das minhas teias de aranha caíram a partir do momento em que resolvi encarar que sou Elis Regina, que carrego um tipo de carga que os outros não carregam, que não consigo passar despercebida na multidão. Isso é um peso. Mas, se é, então vamos aparar algumas arestas e tentar pelo menos conservar o bom humor e a vontade de viver. Porque senão você se flagra comprando um 22 e dando um belo teco na cabeça, aos trinta e seis anos, três filhos estupendos, um patrimônio razoável e uma carreira que não chegou nem na metade, podendo ainda ser desenvolvida. Basicamente sou uma pessoa que adora viver, sou festeira. Quero minha casa cheia de gente amiga, mas dispenso os inimigos íntimos. O negócio é buscar as coisas agradáveis da vida — flor, sol, praia..."

São Paulo parou para ver Elis passar

Três dias depois da morte de Elis Regina, já não era mais possível encontrar um único disco seu nas prateleiras das lojas.

Os fãs que correram às casas de disco com a intenção de ter Elis para sempre, compareceram ao seu velório com o mesmo propósito: reter, até onde fosse possível, sua imagem.

No Teatro Bandeirantes, onde, em 1976, Elis ficou um ano e quatro meses em cartaz com o espetáculo *Falso Brilhante*, seu corpo foi velado durante toda a noite do dia 19. Para vê-la, uma multidão de aproximadamente 60 mil pessoas não se importou por ter de permanecer horas em uma fila que dobrava ruas. Nem mesmo a instrução de subir ao palco, onde o corpo se encontrava, passar rapidamente pelo caixão e em seguida retirar-se, desanimou os que queriam ver, muitos até conhecer, Elis.

Entre os artistas que compareceram ao velório, Tônia Carreiro, que foi a primeira a chegar ao IML, ainda quando o corpo de Elis estava sendo autopsiado, perguntava: "Podem destratá-la mais ainda do que deixando-a jogada, como se se tratasse de perigosa assaltante, numa mesa de autópsia?" E arrematava: "É preciso que se tome consciência que morreu uma pessoa muito ilustre, a maior cantora brasileira, que não merece esse vexame, essa vergonha de se envolver

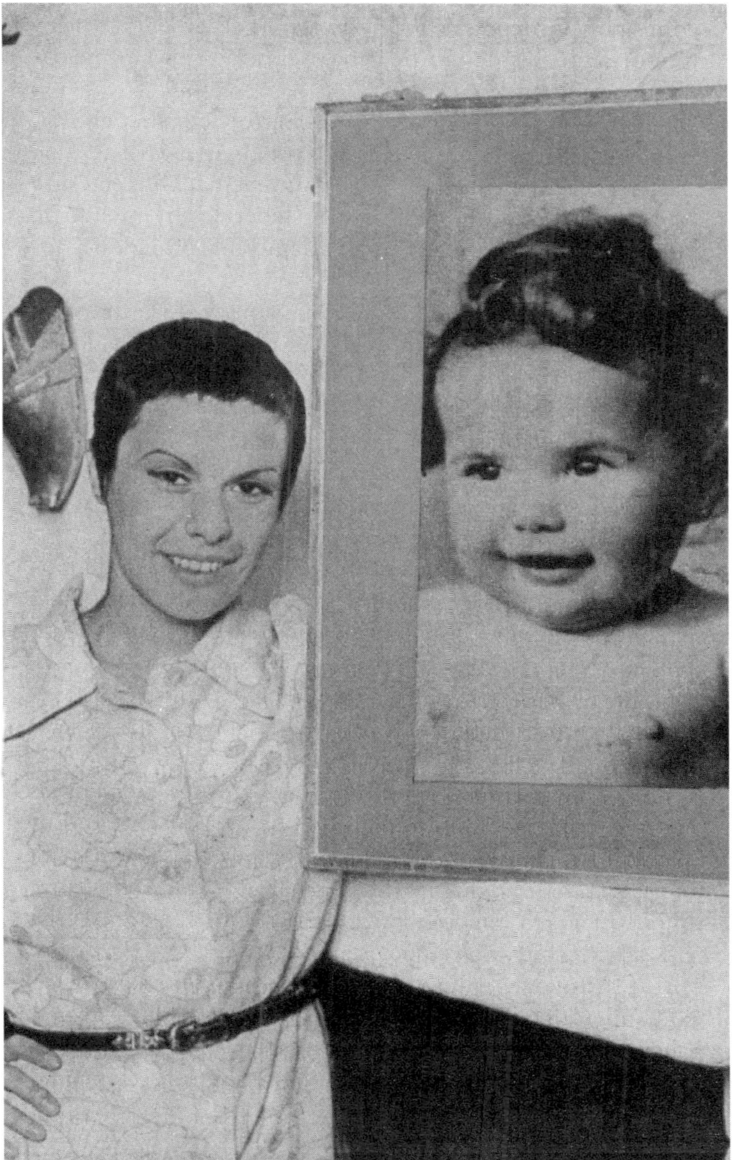

Elis, com uma foto na qual tinha nove meses de idade.

com a polícia, depois de indefesa, depois de lamentavelmente morta, depois de sair de cena, deixando-nos em meio à indigência cultural nacional".

Rita Lee, acompanhada por Roberto Carvalho, chorou longa e silenciosamente ao lado do caixão. Apenas disse: "Ela está com Deus". Ângela Maria sentiu-se mal antes mesmo de entrar no teatro. Clara Nunes, ao saber do amontoado de versões a respeito da morte de Elis, lembrou: "Quando a dor é muita, a morte vira lenda".

O deputado Eduardo Matarazzo Suplicy, do Partido dos Trabalhadores, partido ao qual Elis filiara-se havia pouco tempo, lembrou que ela "era uma mulher esclarecida e progressista, uma cantora de protesto, sensível ao que ocorria na realidade brasileira". Também Lula, presidente do PT, comentava no enterro que Elis "nunca se recusou a participar de *shows* pela causa dos trabalhadores" e enalteceu sua solidariedade para com a classe.

Quando o corpo da cantora saiu do Teatro Bandeirantes, uma multidão comprimia-se na avenida Brigadeiro Luiz Antônio. Cantando "Está chegando a hora" ou gritando "Elis, Elis, Elis", todos acompanharam — a pé, de moto, bicicleta ou carro — Elis Regina, que seguia num carro do Corpo de Bombeiros. Uma chuva de papéis caía sobre o caixão, pelas ruas.

No Cemitério do Morumbi, mais de três mil pessoas aguardavam, havia muito tempo, a chegada do cortejo. Entre eles, um veterano de 1932 empunhava sua corneta para tocar *Missão Cumprida*. Antes de o corpo baixar à sepultura, o padre Carlito Spadolini encomendava-o, dizendo: "Que Elis seja recebida no céu pelos anjos".

"Este foi o segundo maior movimento de pessoas que eu comandei, e vi, em São Paulo. Só foi superado pela visita do Papa", comentava o capitão Mendes, da PM, responsável pelo desvio de tráfego nas ruas por onde passou o cortejo fúnebre.

Quando as pessoas retiraram-se finalmente do cemitério, sobre a sepultura de Elis se amontoavam dezenas de coroas de flores. Uma delas, enviada por Gilberto Gil, continha a seguinte frase: "Sua voz é de todas as canções. Sua alma, de todos os corações".

Cocaína e álcool. E Elis reabre o debate sobre os tóxicos

Esta é a terceira vez que a morte de um artista brasileiro leva o país à comoção. A primeira vez foi em 1952, quando um acidente automobilístico na Via Dutra matou Francisco Alves, o "rei da voz". Cem mil pessoas velaram seu corpo e mais de 200 mil compareceram à praça Floriano, no Rio de Janeiro, quando seus restos foram trasladados para o Cemitério de São João Batista. Três anos depois, novamente o país ficaria chocado com a morte, também prematura, de Carmem Miranda, hoje transformada em mito.

Agora chegou o momento de chorar Elis Regina. Foi uma surpresa: a vitalidade de Elis era visível e, até onde se tem notícia, sua vida era bastante regrada. Por isso, as pessoas mais chegadas à cantora relutam em aceitar o resultado do laudo médico, emitido pelo Instituto Médico-Legal de São

Paulo, que conclui que a parada cardíaca causadora da morte de Elis foi provocada pela ingestão de cocaína e álcool.

"Elis era o que se poderia chamar de 'careta': nunca fez uso de drogas e até os remédios que tomava eram homeopáticos. Por isso é difícil imaginar que ela tenha morrido vítima de uma 'intoxicação', dizia o radialista Walter Silva, que rebatia, ainda no velório, as várias especulações e insinuações sobre a morte da amiga.

O advogado McDowell de Figueiredo, namorado de Elis, também se recusa a acreditar na veracidade do laudo médico: "Não acredito nessas afirmações. Nós sabemos, também, que esse laudo, por si só, não afirma verdades. Quero dizer que ele não tem uma procedência que leve as pessoas a acreditar nas conclusões que apresenta. Acho isso absolutamente irrelevante, inoportuno, e acho que nós deveríamos nos contentar com o que Elis pôde proporcionar a todo mundo".

Evitando chorar quando recebeu os jornalistas, abatido e recém-saído de um interrogatório policial que demorou mais de quatro horas, em que teve de contar como conheceu Elis, como foi seu relacionamento com ela e como a encontrou morta, Samuel fez um apelo aos artistas, aos sindicatos de músicos e principalmente à imprensa: "Falando por mim, pelos parentes de Elis, pelos amigos de Elis e todas as pessoas ligadas a ela, acho absolutamente desnecessário e pouco digno, indesejável, qualquer polêmica que se trave em torno do ocorrido. Meu apelo é que seja respeitada a pessoa de Elis. Estive com Elis nos últimos seis meses da vida dela. Convivemos o máximo que duas pessoas podiam conviver, e simplesmente posso afirmar que as revelações contidas no laudo não condizem com os hábitos de vida de Elis. Não estou interessado e acredito que não trará proveito absolutamente a ninguém estender essa discussão. Não há mais nada a dizer. Vamos lembrar Elis pelo que ela fez".

Um debate nebuloso

A respeito do pedido de Samuel McDowell, a morte de Elis reabre, em nível nacional, o debate sobre as drogas. Mais uma vez se especula os motivos que levam as pessoas, notadamente os artistas, a fazer uso dos tóxicos. O último e mais inteligente debate sobre o tema aconteceu, há alguns anos, com a prisão de Gilberto Gil por porte de maconha. Naquela ocasião, Gil valentemente admitiu que consumia a droga e conduziu a discussão para dentro dos lares, confrontando pais e filhos.

Agora, no caso de Elis, tudo indica que a discussão entrará por caminhos nebulosos. Jair Rodrigues foi o primeiro a falar, dias depois da morte da cantora, contra a proliferação de tóxicos no meio artístico. Em suas declarações para a imprensa disse que "só artistas de caráter não fazem uso das drogas" e que Elis teria sido "influenciada pelas más companhias". Em sua acusação, Jair não se esqueceu de apontar vários artistas que, segundo ele, usam drogas.

A polícia paulista anunciou que ia tentar localizar as pessoas que teriam vendido a cocaína para Elis, e não faltaram telefonemas anônimos ao 4º Distrito Policial acusando Elis de viciada havia seis meses, ou seja, o período em que ela conviveu com Samuel McDowell.

O "mistério" que envolve a morte de Elis — como a imprensa de uma maneira geral insiste em tratar o assunto — não deixou de pôr sob suspeição até o homem que a amava. Da maneira como foi conduzida, a especulação sobre sua morte dificilmente levará ao questionamento profundo das intrincadas causas que levam ao consumo de drogas.

A felicidade que Elis não queria que acabasse

Os amigos presentes ao velório de Elis cansavam de afirmar que ela estava vivendo uma fase de muita tranqüilidade e felicidade, como fazia muito tempo não lhe acontecia.

Alegre, Elis procurava casa para viver com Samuel McDowell, selecionava as músicas que entrariam em seu próximo disco a ser gravado no dia 27 de janeiro pela Som Livre, sua nova gravadora, fazia projetos de viagem pelo mundo e estava perto de realizar um velho sonho: fazer um recital com peças eruditas. A idéia desse recital vinha sendo desenvolvida em sigilo por Elis e pelo regente Benito Juarez e previa três recitais com canções, árias e trechos diversos de óperas de Bizet, Wagner e Verdi, cantadas por Elis e executadas pela Orquestra Sinfônica Municipal de Campinas.

Por tudo isso, Elis havia perguntado, poucos dias antes de morrer, ao produtor Roberto Oliveira: "Como é que eu faço para isso não acabar nunca mais?"

A alegria que Elis experimentava nos últimos tempos devia-se principalmente, segundo se afirma, ao novo amor. Separada de César Camargo Mariano, ela começou a namorar Samuel McDowell, um advogado que se notabilizou no caso de Wladimir Herzog, ao culpar a União pela morte do jornalista. Nesse processo, Samuel provou que Herzog não havia se suicidado como atestava um laudo assinado pelo médico H. Shibata, do Instituto Médico-Legal de São Paulo, concluindo que a morte do jornalista fora provocada por torturas. Como resultado, Shibata teve seus direitos de médico suspensos pelo Conselho Regional de Medicina. Agora, ironicamente, advogado e médico voltam a se encontrar por intermédio da morte de Elis: Shibata, diretor do IML, foi quem conduziu a autópsia e os exames toxicológicos que atestam que Elis morreu drogada e embriagada. (N.R. O inquérito aberto para apurar a causa da morte de Elis foi arquivado, posteriormente.)

A idéia de que Elis possa ter se suicidado ou tenha sido induzida a tal foi vista como absurda pelas pessoas mais chegadas à cantora. Para elas, o importante é o que salientou McDowell quando soube do resultado do laudo: "Acho que todos se lembram de que Elis exerceu a arte dela, o trabalho dela, em todos os sentidos, com a maior dignidade que era possível a uma pessoa fazer".

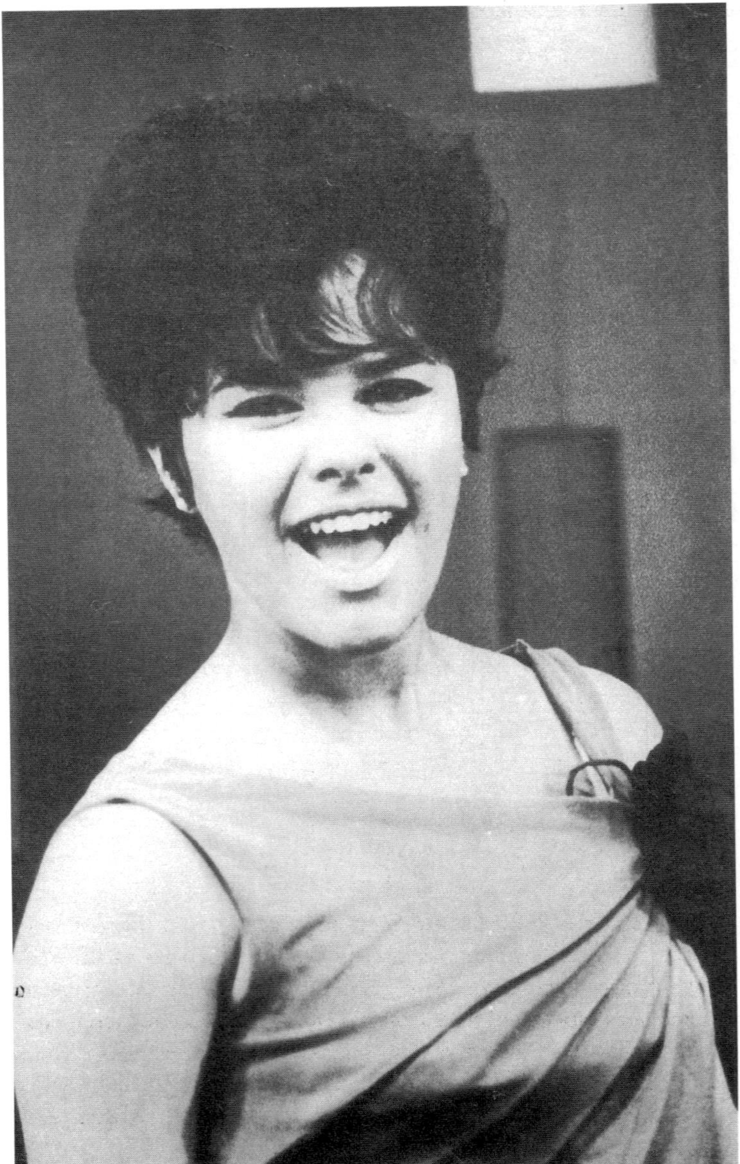

Elis, na época em que cantava no *Beco das Garrafas*, Rio de Janeiro, 1964.

ELIS REGINA

Perfil Biográfico

Pimentinha, que mulher!

Carole Chidiac

Elis estrela

A carreira de Elis Regina pode ser considerada meteórica. Proveniente do Rio Grande do Sul, um Estado que, antes dela, só gerara Lupiscínio Rodrigues, Elis começou por onde todo mundo começa: bares e boates do Rio de Janeiro. Ali, gravou um primeiro disco chamado *Viva a Brotolândia* e a seguir mais dois boleros, sem nenhum sucesso. De repente, *Menino das Laranjas*, de Théo de Barros, pôs Elis nas paradas. Daí para o festival da Excelsior, defendendo *Arrastão*, de Edu Lobo, e para a tevê, comandando o *Fino da Bossa* ao lado de Jair Rodigues, foi um pulo.

A partir daí, a *Pimentinha* não parou mais: muitos discos, várias apresentações, até que se transformou numa das primeiras estrelas da MPB, para quem os autores compõem músicas especiais e para quem o Brasil rende as homenagens de melhor intérprete dos últimos tempos.

Perfeita enquanto intérprete, Elis ainda teria uma nova faceta a revelar para seu público: a de *show woman*, que, em três superproduções, abarrotou, durante muitos meses, os vários teatros por onde passou.

É essa Elis, uma superestrela, que relatamos aqui.

Seu nome saiu de um romance

Quando sua mãe estava grávida, leu um romance em que dois personagens tinham por nome mr. and mrs. Ellis. Simpatizou, tirou um "l" e acrescentou Regina de Carvalho Costa. E Elis Regina nasceu na cidade de Porto alegre no dia 17 de março de 1945, sob o signo de peixes.

Foi no Grupo Escolar Gonçalves Dias que fez o primário. O ginásio, no Instituto de Educação Flores da Cunha, ainda em Porto Alegre.

Sua diversão favorita era mesmo ouvir rádio, aliás, como fazia a maioria dos jovens daquela época, acompanhando os ídolos que apareciam na épica Rádio Nacional.

Certa vez, a cantora ainda menina, ouvia o programa de César de Alencar no qual se anunciou para cantar um rapaz que vinha de Niterói e se dizia sobrinho de Nonô e primo de Ciro Monteiro. O moço acabava de gravar um disco. No programa resolveu cantar *Blue Gardenia*. Elis começou a ouvir a música debruçada na janela, "qual Carolina que se preze" e acabou surpreendentemente deitada no chão, aos prantos, o que não deixou de lhe valer um "carão" de sua mãe, que achava ridículo uma pessoa chegar a ponto de chorar ao ouvir uma música.

O que estava acontecendo é que Elis ouvia pela primeira vez aquele que se tornaria seu grande ídolo, como o foi de toda uma geração: Cauby Peixoto.

Tendo a Rádio Nacional como base de sustentação para sua paixão musical, Elis viu na Rádio Farroupilha uma possibilidade de cantar. Foi apresentar-se então no programa *Clube do Guri*. Dessa época em diante seguiram-se um contrato na Rádio Gaúcha e, ano mais tarde, sua primeira viagem ao Rio de Janeiro, onde aconteceram algumas apresentações em televisão e o primeiro LP, pela gravadora Continental, chamado *Viva a Brotolândia.* Mais dois discos vieram, desta feita para a CBS, onde Elis gravou boleros. Em seguida, transferiu-se para o Rio de Janeiro, onde foi cumprir um contrato de seis meses na TV Rio.

Elis também cantava na noite. A Boate Bottle's, em Copacabana, no Beco das Garrafas, tornou-se, a exemplo de tanta gente boa que por lá apareceu, uma das grandes oportunidades para Elis mostrar seu trabalho. Essas suas apresentações, por exemplo, foram fundamentais, porque foi na Bottle's que Arnaldo Pittigliani ouviu a cantora pela primeira vez.

Impressionado com o potencial da cantora, Pittigliani levou Elis Regina para a Philips, e no final daquele 1964 a cantora participava de vários *shows* de bossa nova que eram realizados no Teatro Paramount, em São Paulo.

Menino das Laranjas, de Théo de Barros, foi o primeiro compacto simples de Elis Regina pela Philips, que continha no lado B a música *Sou em Paz*, de Adilson Godoy. Aproveitando a maré, lançou um LP, pela mesma gravadora, intitulado *Samba Eu Canto Assim.*

O nome de Elis Regina ia tomando corpo dentro da música popular brasileira, até que a TV Excelsior de São Paulo resolveu promover o seu primeiro festival de música brasileira. *Arrastão*, de Edu Lobo e Vinícius de Morais foi interpretada por Elis, provocando sua primeira grande "explosão", ao alcançar o primeiro lugar.

Seus braços pareciam dois remos no ar

Formando dupla com o não menos risonho Jair Rodrigues, Elis foi ganhando grande simpatia por parte do público e os dois tornaram-se assunto em todo o Brasil, principalmente pelo ineditismo visual: numa desengonçada posição cênica, movida pelo entusiasmo, os braços da cantora pareciam dois remos no ar e seus pés não paravam de ajudar a ritmar o samba cantando. Jair, por sua vez, representou uma ruptura curiosa com o racismo, porque estranha também era, aos olhos da maioria, aquela relação profissional entre uma cantora branca e um cantor negro, na qual se denotava grande carga afetiva. Preconceito este que, como todos, enfrentou adversidades, algumas do próprio público e outras da famosa "imprensa marrom", que não cansou de atribuir milhões de romances a Jair e Elis Regina.

Realizado no Teatro Paramount e com produção de Walter Silva, o espetáculo *Dois na Bossa* foi gravado ao vivo, e pela primeira vez em toda a história da MPB um disco alcançou semelhante recorde de vendagem, a ponto de necessitar nova prensagem e posterior reedição para atender aos pedidos.

Foi um dos grandes trunfos da nossa música frente ao que vinha de fora e, até então, imperava nas vendas, vindo a confirmar o interesse do público pela MPB, que se remodelava com o surgimento de novos compositores, caso específico de Edu Lobo, que teve em Elis sua principal intérprete.

Para o II Festival da Música Popular Brasileira, promovido pela TV Record de São Paulo, Elis Regina cantou *Ensaio Geral*, de Gilberto Gil, compositor que teve suas primeiras aparições em televisões paulistas no programa *Dois na Bossa* comandado pela dupla Elis e Jair. *Ensaio Geral* obteve a quinta colocação.

Frustando a maioria dos que queriam confirmar seu suposto romance com Jair Rodrigues, Elis Regina casa-se com o compositor e jornalista Ronaldo Bôscoli.

Tenho saudades da época do *Fino*

Depois de manter-se por mais de dois anos no ar, dividindo o IBOPE com o programa dominical do jovem

Roberto Carlos, e provocar polêmicas entre facções (as opiniões dividiam-se entre a "invasão" do modismo "liverpoliano", que tinha na jovem guarda a estereotipização da beatlemania, com os conservadores, que ainda acreditavam no samba como a única manifestação musical verdadeiramente brasileira), o *Fino da Bossa* saiu do ar levando Elis a procurar outros horizontes. Mas deixou saudades, como declarou a cantora há algum tempo para o jornal *Interview*, em entrevista concedida a Vânia Toledo e Antonio Bivar: "Não tenho saudades do *Fino*, mas da época do *Fino*. De uma certa ingenuidade, de um certo romantismo que ainda imperava. Foi um período em que todo mundo estava junto. Aquele corredor da TV Record, aquelas salas de espera. Pô! O que pintou de música ali! O que se improvisou, o que se brincou, o que se fez de coisas que ninguém tinha visto! O que se discutiu, o que se chegou a uma conclusão! E era uma coisa de escoteiro, assim sempre alerta e obediente, todo mundo segurando a coisa de braços dados e com muito amor".

Em janeiro de 1968, Elis empreendeu sua primeira viagem profissional ao exterior, indo apresentar-se no MIDEM, em Cannes, na França. Voltou a ganhar um festival quando a música *Lapinha*, de Baden Powell e Paulo César Pinheiro alcançou, com sua interpretação, o primeiro lugar na I Bienal do Samba. Seguiram-se excursões de Elis pela América Latina e Europa. Desta última viagem originou-se o disco *Elis Regina & Toots Thielemans*, gravado com o gaitista e guitarrista belga Toots Thielemans.

A década de 1970, decisiva para sua carreira, começou com uma temporada na cervejaria Canecão, no Rio de Janeiro. Em 1971, Elis lança pela Philips o grandiosíssimo disco *Ela*.

Foi exatamente naquele LP que Elis conseguiu unir, em linguagem musical, todos os grandes movimentos musicais desde a bossa nova, passando pelo *Fino da Bossa* (do qual foi precursora ao lado de Jair), jovem guarda e tropicalismo, reatando laços um pouco dispersos por causa de ideologias

"Aos poucos arregalei os olhos e descobri que não sou apenas um passarinho que sabe cantar só porque lhe deram alpiste na hora certa."

diferentes, mas que, por fim, acabaram unidas, já que, na realidade, possuíam o mesmo objetivo, ou seja, a continuidade de um trabalho consistente dentro da música popular brasileira.

Em *Ela*, são claros os diversos afluentes musicais: de Jobim e Dolores Duran, *Estrada do Sol* (bossa nova), de Caetano Veloso, *Cinema Olympia* e *Os Argonautas* (tropicalismo) e de Roberto e Erasmo, *Mundo Deserto* (jovem guarda). Esta última pode não representar musicalmente o movimento de Roberto, mas a gravação vem, a exemplo das da bossa nova e do tropicalismo, formar um repertório alusivo à época, o que se confirma também, por exemplo, pela gravação de *Golden Slumbers*, outra autêntica citação, desta feita à beatlemania, movimento que serviu de exemplo à jovem guarda e de impulso ao tropicalismo, e que incluía a guitarra como elemento também para uma realidade musical brasileira.

E o mais impressionante neste disco de Elis é que ele, embora feche um ciclo, concomitantemente abre outro, fruto do mesmo veio, apresentando (apesar da época negra para os compositores e intérpretes brasileiros, que sob a sombria ronda do AI-5 deixavam ou eram convidados a deixar o país) uma nova saída dentro da batalha, com a aparição de Ivan Lins, que se projetou em todo o Brasil com *Madalena,* sucesso absoluto na voz de Elis. Depois do sucesso popular de *Dois na Bossa*, o grande disco épico de Elis foi *Ela*, que não alcançou o mesmo nível de popularidade que o primeiro, mas, em termos artísticos e de sensibilidade musical, certamente o suplantou.

Uma nova mensagem flutuando nas *Águas de Março*

Elis Regina muda a imagem de cantora de samba, para a de uma cantora "também" de samba. Aberto seu repertório, seu caminho vai livre, até que, por sua voz, uma nova mensagem, um novo flutuar surge nas águas de março, como bem definiu José Miguel Wisnik em crítica sobre a MPB nos anos de 1970:

"Ao longo da década, várias composições marcantes de Milton Nascimento, Caetano Veloso, Chico Buarque, Gilberto Gil, vão indicando uma visão da música como poder; poder psicológico, social, político, espiritual e mágico. Esse poder advém de sua atuação sobre o corpo e desdobra-se numa figuração do corpo social. A primeira dessas músicas que abre a série e que, pode-se dizer, funda um caminho, é *Águas de Março*, de Tom Jobim: nela não se vê mais a melancolia sem saída de *Sabiá* (parceria com Chico Buarque), que adivinhava o exílio e o regresso à sombra de uma palmeira 'que já não há', nem a melodia requintada pela modulação contínua dessa música de uma espécie de maneirismo bossa-novístico supermagistral.

Em vez disso, uma melodia simples, pontuando ritmicamente as constatações mais concretas: 'é pau/é pedra/é o fim do caminho...', fim do caminho que encerra um ciclo e inicia outro, ciclo histórico e ciclo natural. E a passagem não é esquemática, vive-se o momento de transição que é sempre fim e começo, simultaneamente o impasse e já a disponibilidade: o estepe no pé, o carro enguiçado, o fim da picada, o fim da canseira, o queira ou não queira, as águas de março, as 'promessas de vida em meu coração' " (*Anos 70 Música*).

Em 1974 foi o ano em que Elis realizou um sonho: o de gravar um disco ao lado do maestro Antonio Carlos Jobim. Disco este que é o predileto da cantora até os dias de hoje por um motivo que ela explica muito facilmente, quando questionada: "é porque gravei com meu ídolo".

O encontro dos dois em estúdio foi analisado pelo crítico de música Renato de Moraes:

"Por sua própria e específica densidade, cada um, isoladamente, merece imensuráveis espaços em qualquer antologia. Cada um, pela qualidade íntima de seu trabalho, pelo preciso significado de sua presença no atual momento da música popular brasileira, merece mais do que vários LPs em doze meses. Para a senhora Elis Regina Carvalho Costa e para o senhor Antonio Carlos Brasileiro de Almeida Jobim, porém, talvez já seja suficiente em 1974, este único trabalho, o disco *Elis & Tom*, gravado há quatro meses em Los Angeles, Estados Unidos, nos estúdios da MGM.

Águas de Março, sua primeira faixa, praticamente sintetiza o disco: ágil, sensível, fundamental. Enfim, um digno resultado para o encontro de dois astros de órbitas aparentemente incomparáveis — pelo menos em função da imensidão geográfica que os separa. Elis Regina, agora radicada em São Paulo e Tom Jobim, cada vez mais arraigado na América do Norte.

Mas por que Tom Jobim e Elis Regina juntos num mesmo disco? 'Na música popular brasileira de hoje, somos todos conseqüência da criatividade, da coragem de um Jobim', explica a cantora, 'mesmo passados dez, quinze anos, sua obra mais antiga continua refletindo uma vigorosa força imaginativa. E eu, que comemoro uma década de gravadora, decidi me apoiar na obra de Tom Jobim e por intermédio dela contar a história do meu trabalho' ".

Antes de gravar, a apreensão

Evidentemente, era preciso convencer Jobim a participar do disco. E os detalhes desse processo são, com efeito, bem curiosos. Elis estava assustada: "como ele receberá a idéia? E depois, como receberá a mim?" E Tom, que imediatamente, logo no contato inicial com a direção da Phonogram, havia concordado, sofria de seu lado as mesmas apreensões.

Quaisquer dúvidas, em todo caso, dissiparam-se no próprio aeroporto de Los Angeles, quando a cantora e o compositor se saudaram comovidamente. Depois, tudo muito fácil. Cada um preparou uma lista de músicas que considerava obrigatórias para o disco e as duas seleções eram praticamente coincidentes. Tom, até mesmo, por insistência de Elis, aceitou fazer um arranjo para o LP, na faixa *Modinha*, depois de viver os últimos cinco anos apenas compondo. E o disco foi gravado num ambiente particularmente alegre e descontraído — fato que pode ser constatado por um filme documentário que Roberto Oliveira produziu durante os trabalhos de estúdio.

O disco tem 14 faixas e promove uma espécie de corte em profundidade no trabalho de Tom Jobim. Músicas quase esquecidas, que não eram interpretadas fazia tempo, acabaram coloridas pelos criativos arranjos de César Camargo Mariano. Por exemplo: *Brigas Nunca Mais, Fotografia, Só tinha de Ser com Você, Corcovado*. Outras, nem tão conhecidas (*Pois é*, de Tom e Chico, *Modinha*, de Tom, Baden e Vinícius) receberam da cantora interpretações singularmente iluminadas. E tudo isso em dezesseis canais independentes de som.

Também não poderia faltar, é claro, a própria voz de Tom Jobim. Normalmente tímido, fechado, contraído, dessa vez contagiado pela jovialidade de Elis Regina, que até mesmo chegou a imitá-lo no maravilhoso final de *Águas de Março*, o compositor liberta sua interpretação de modo ousado e incisivo no *Soneto da Separação* (letra de Vinícius). Igualmente

Elis e Jair, o reencontro em 1971,
após a "explosão" da dupla no *Fino da Bossa*.

está presente no LP a música mais aplaudida nos atuais *shows* de Elis, *Retrato em Branco e Preto* (de Tom e Chico), talvez o momento mais emocionante da gravação.

"Foi um encontro muito necessário", diz a cantora. Para ela, para Tom, e seguramente para a música popular brasileira.

Elis resolve revelar seu potencial cênico

Mais de dez anos de trabalho caminhando com a música brasileira, fazendo-a crescer e crescendo com ela. Ilusões, dúvidas, muito sucesso. Na vida particular, outro casamento e outro filho. Profissionalmente, associar a imagem de Elis com a da melhor cantora contemporânea já era "chover no molhado". Sua técnica aliada às muitas interpretações fazem dela também uma cantora-emoção, como no caso de *Atrás da Porta*, que veio pelas hábeis mãos de Chico Buarque de Holanda.

Grandes feitos fonográficos. Até que Elis olhou para o palco. E resolveu que chegara a hora de levar toda a sua bagagem de vida artística para um espetáculo que revelasse seus potenciais cênicos. E assim foi feito. Não, porém, sem dificuldades. Porque só não vendeu a mãe, como se diz na gíria. Mas desfez-se de tudo o que tinha: casa, móveis, excursionou por algumas cidades do interior paulista visando à montagem. Por fim, um empréstimo da Philips — "a pagar para a rainha da Holanda", como explicou, ajudou-a na reunião dos elementos de que necessitava.

Entre músicos e pessoal da montagem, foram reunidas nada menos que 21 pessoas, sem contar os responsáveis pelo teatro, acarretando numa produção de 560 mil cruzeiros. Partiu com a cara e a coragem, dispondo, de concreto, de um único mas suficiente trunfo para a temporada: o talento. E foi com *Falso Brilhante* que Elis Regina conheceu aquela que foi sua maior temporada artística, batendo recordes de freqüência de público, permanência em cartaz e aplausos da crítica.

"Acho que o ser humano é colocado nessa vida para cumprir, no mínimo, um dever de solidariedade."

"Antes de qualquer coisa, quando a gente começa a fazer um trabalho, a gente espera um mínimo de retribuição. Quer dizer, eu esperava o mínimo, mas acho que chegou num ponto em que o espetáculo já é recordista nacional de permanência em cartaz. Então aí, por um lado eu acho muito legal, pois é sinal de que as coisas estão sendo bem assimiladas e de que as pessoas estão gostando, mas por outro lado eu acho que a responsabilidade aumenta muito. Há a transformação do próprio espetáculo; não acho que porque está legal tem de ficar assim — cada dia tem de ficar melhor. E independentemente disso, existe uma outra coisa que acho muito mais importante: é a chamada opção que a gente fez por um trabalho que, por coincidência, foi bem recebido, mas que é um trabalho marginal. Digo marginal no sentido de não compactuar com um sistema estabelecido de como deve ser, como deve se comportar um superastro.

Quer dizer, a partir do momento que a gente rompeu com esse esquema e procurou um tipo de trabalho realmente marginalizado, já que você só pinta de vez em quando em televisão e faz muito pouca concessão, fazendo o disco que você gosta, não tocando em rádio, e apesar de tudo isso, você consegue vender o disco, etc., etc., e se impor, aí as coisas ficam mais legais pra gente, ou seja, confirmam uma série de coisas, e a opção que você fez passa a ser muito mais gratificante e o saco-cheio não 'pinta', porque afinal você está fazendo aquilo que gostaria de estar fazendo." (Entrevista concedida a Carole Chidiac — *Jornal de 2ª* — out/1976.)

E fazendo aquilo que gostaria de estar fazendo, Elis Regina foi longe: "Descalça no palco, mais magra uns vinte quilos, de fôlego aberto, aconteceu, na última quinta-feira, a tão esperada estréia de Elis Regina, depois de três meses de duros ensaios, sob a direção de Miriam Muniz. Elis prova que a melhor cantora do país também pode (e consegue) ser uma boa atriz, que esperou sua vez sabendo que ela chegaria. O espetáculo *Elis & Cia.* deixa a certeza de que, se existe um verdadeiro brilhante no canto da música popular brasileira, este é Elis" (*Última Hora* — dez/1975).

A conotação política de *Falso Brilhante* não deixou de ser comentada, não só pelos matutinos paulistas como pela chamada imprensa alternativa:

"De repente o trauma, o canto se perde, o filme mostrava corpos partidos, dedos apontados, cânticos no escuro, Elis presa por um monstro disforme de mãos enormes e fofas, pendendo na platéia. Na platéia as opiniões se dividiam difusamente: quem será que prende Elis? Alguns interpretavam, outros não, de um lado e de outro. Alguém afirmava: não há *show woman* como ela. O espetáculo era bonito mas, dentro, a história continuava a ser movida ou segurada por mãos misteriosas que rolavam em ondas, do alto do cenário. Estávamos no Brasil. Pausa para refresco" (*Movimento* — jan/1976).

Ao final da temporada, entre outras homenagens prestadas à cantora, *Falso Brilhante* foi eleito pela APCA — Associação Paulista dos Críticos de Arte — como o melhor *show* do ano de 1975.

Transversal do Tempo nasceu de um engarrafamento

Elis acabou por cumprir o que previa para o pós-*Falso Brilhante*: um ano entregue ao descanso e para curtir a gravidez de seu terceiro filho. Até que, numa tarde que teve pouco de bela para a cantora, seu novo espetáculo começou a ser criado. Encontrava-se num táxi quando houve um engarrafamento em pleno centro de São Paulo. Um engarrafamento não muito comum, pois a cantora deparou com helicópteros de um lado, cavalos da PM do outro, gente correndo por todos os lados. Sentiu-se indefesa. E viu-se numa transversal do tempo, como definiu:

"Você sabe que o sinal de trânsito só vai ser aberto quando o guarda resolver abrir. Enquanto isso, você está dentro de um táxi e tudo acontecendo. Você imagina saídas, mas o sinal não abriu, o que podemos fazer? Ficamos sentados, dentro de um táxi, numa transversal do tempo, esperando. Não te perguntam nada, não te pedem opinião" (Revista *Veja* — out/78).

E *Transversal do Tempo* estreou em Porto Alegre, seguindo depois para Lisboa, Roma, Milão, Barcelona, Rio de Janeiro, Fortaleza, Recife, Salvador, Belo Horizonte e Curitiba. A direção e o roteiro foram de Maurício Tapajós e Aldir Blanc, cenários e figurinos de Melo Menezes, e direção musical de César Camargo Mariano.

Dois *shows* com êxito e outras transformações provocaram novas fases na vida particular e profissional da cantora. Depois de quinze anos pertencendo ao *cast* da Philips, Elis Regina assina contrato com a Warner. Nova gravadora, novos planos. Em casa, a chegada da primeira filha, vindo acompanhar João Marcelo e Pedro. Novo penteado, novo visual e Elis encontra em *Essa Mulher*, de Joyce e Ana Terra, a oportunidade de gravar uma das mais belas canções feitas em 1979.

Foi uma excelente estréia fonográfica, mesmo porque naquele disco estão, entre outras, *O Bêbado e a Equilibrista* (João Bosco e Aldir Blanc); *Basta de Clamares Inocência* (Cartola); *As Aparências Enganam* (Tunai) *e Altos e Baixos* (Suely Costa e Aldir Blanc).

E Elis não parou. O palco, de novo. Para encontrar-se

com ele, foram necessários dois meses de estudo de expressão corporal, sob a orientação da coreógrafa Márika Gidali. Ademar Guerra, por sua vez, teve em suas mãos um material humano de 24 pessoas. Destes, onze bailarinos e treze músicos. A escolha foi uma história à parte: mais de 700 pessoas disputaram o privilégio de poder dividir a cena com a cantora.

Como não poderia deixar de ser, os arranjos foram de César Camargo Mariano. De sua responsabilidade também foi a escolha dos músicos que acompanharam a cantora. E a 20 de março, três dias depois do 35º aniversário, Elis Regina fez estrear *Saudade do Brasil* na cervejaria Canecão, no Rio de Janeiro.

Em *Saudade do Brasil* os bailarinos não eram profissionais

Mas essa coisa meio inédita de escolha de bailarinos foi explicada pela cantora, em entrevista concedida ao *Pasquim*:

"Não tem bailarino no palco. Fizemos um anúncio no jornal paulista e apareceram 700 pessoas, amadoras, das quais saíram onze que estão em cena e que nunca tinham dançado. Não existe uma coreografia do jeito das pessoas andarem e se locomovorem. Não havia tempo nem era nossa intenção colocar bailarino, senão a gente ia no Municipal de São Paulo e escolhia os onze melhores. Nosso princípio é que não existe bailarino no Brasil, e sim uns loucos que insistem em dançar. Quando César fez os arranjos, não foi do jeito que gostaria que fosse tocado pela Sinfônica de Boston, mas pelo que ouviu da moçada de São Bernardo tocar.

Os músicos também não são profissionais. É uma rapaziada que tá pintando no palco pela primeira vez. César ouviu o som, escreveu pro mínimo e máximo de cada um, e é por isso que rende. Os caras, parece que dançam paca, e não teve um coreógrafo que ficou enchendo o saco deles. A cenografia do Marcos Flaksman foi feita com papel de embrulho. É um *show* anticoreografia e antiestrela.

Agora tem o seguinte: as pessoas encarregadas dos diversos setores são altamente profissionalizadas. Márika Gidali é responsável pelo Ballet Stagium, uma das coisas mais sérias que este país já pariu, que largou a sapatilha, que caiu da ponta e da meia ponta. O Stagium dança de pé descalço o *Quarup*, falando do índio do Xingu, e no final o índio morre.

As pessoas podem dar tiro na cabeça porque o Jo Jo Smith não sei o que, porque Maurice Béjart pererê... não interessa! Quero saber do brasileiro! E o que eu conheço do brasileiro é o Stagium, em São Paulo, e o Corpo, em Belo Horizonte, que arrecada passo de Maracatu. Estes estão reconstruindo a coreografia brasileira que o colonizador botou naquele lugar.

É o deixar de ser colonizado, e por isso as pessoas não entendem como é que eu, que não sou exatamente o Fausto Wolf em termos de altura, fico misturada com um bando daquele jeito. Fica todo mundo querendo ver a cantora no meio daquele esporro, enquanto minha colocação é um trabalho de coletividade.

Não estou preocupada em mandar cromar minha orelha e sair pra rua pra chamar a atenção. Não passo o dia olhando pro meu umbigo pra ver se nasce um pé de couve. Não sei mais fazer isso no palco. Meu problema agora não é o cantar, mas como usar esse cantar, o nome Elis Regina, o Canecão de portas abertas, pra botar 25 amadores no palco, porque nem a Globo nem o Teatro Municipal vão dar chance pra eles, e muito menos o Eliezer de Carvalho, que está importando músicos.

A gente tem de fazer das tripas sentimentos, pra fazer essas coisas com uma rapaziada que tá num gueto, num beco sem saída, porque ninguém investe mais. Outra coisa que aflige as pessoas: o brasileiro é feio! Se você se sente agredido pelo cara que tá dançando é porque tá se olhando no espelho. O Brasil não é feito de 'lídias-brondi'!".

Apesar de mencionar a realização de um espetáculo "anticoreografia, antiarranjos, anticenografia e antiestrela", as aparências não enganam, não. Porque o público que assistiu a *Saudade do Brasil* saiu da sala do auditório ciente de ter presenciado um dos grandes espetáculos já criados no Brasil.

Viram uma Elis misturada em meio aos "falsos" bailarinos, que faziam de sua grande chance um espetáculo profissionalíssimo. Embora o sentido de "coletividade", a que se referia a cantora, tenha sido muito forte, principalmente no caso particular da interpretação de algumas músicas como *Redescobrir* (Gonzaguinha), a cantora se sobrepujava de forma natural. Pela garra, beleza e, principalmente, pelo grande pudor, sua característica maior dentro e fora do palco.

E para o registro de *show*, embora feito no escuro, a Warner deu um tiro certeiro ao colocar *Saudade do Brasil* à venda. Álbum luxuosíssimo, como bem merece Elis, contendo dois discos que sintetizam aquilo que foi sua mais recente passagem pelos palcos.

Depois do Rio, Elis apresentou-se em São Paulo, no Teatro da Universidade Católica, e sua temporada paulista não poderia ser mais gratificante.

"Amo a música, acredito na melhora do planeta, confio em que nem tudo está perdido, creio na bondade do ser humano e intuo que loucura é fundamental. Agora só me faltam carneiros e cabras pastando solenes no meu jardim. Viver é ótimo."

(Fonte: *Violão e Guitarra MPB*, Ano I, nº 10, 1981.)

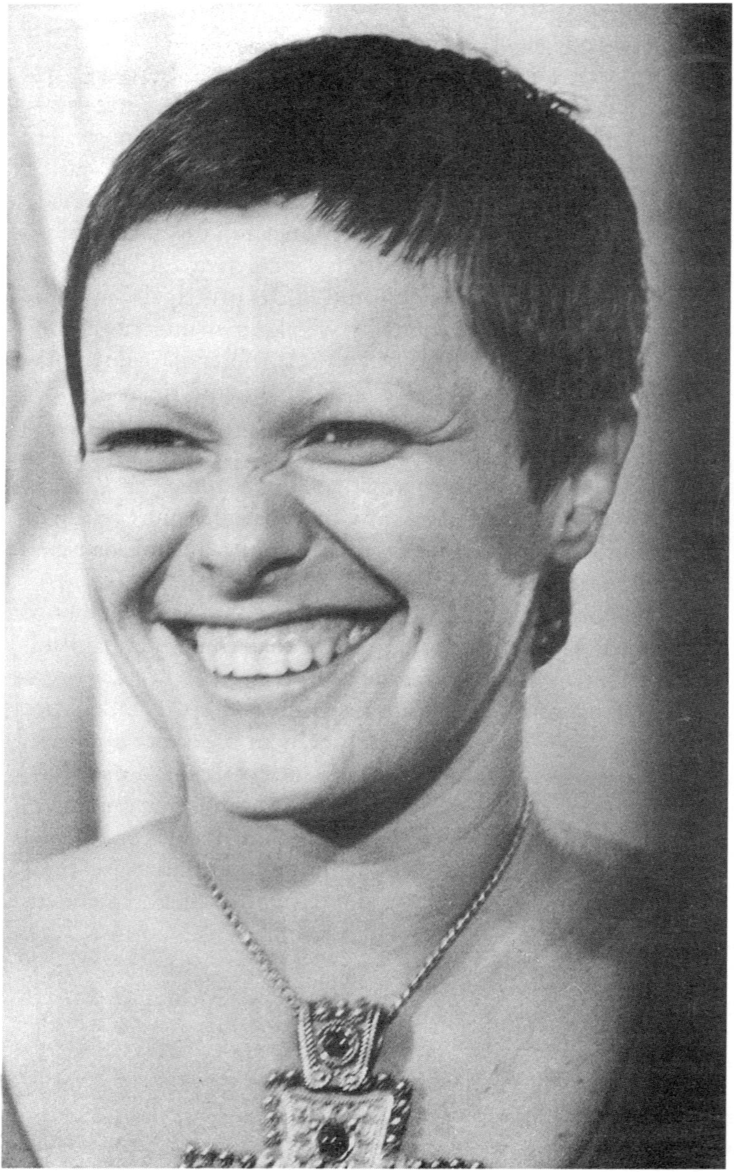

Elis dominou o ofício de cantar com absoluta segurança
e técnica sem perder a emoção, 1973.

ELIS REGINA
Cronologia

Tempo de Elis

Osny Arashiro

1945 — *17 de março* — Nasce Elis Regina Carvalho Costa, em Porto Alegre, às 15h10 de um sábado, no Hospital da Beneficência Portuguesa. Primeira filha do operário Romeu e da dona de casa Erci. "Quando minha mãe estava grávida, leu um romance em que tinha um tal de mr. and mrs. Ellis; meu nome é sobrenome."

1952 — A família Carvalho Costa muda do bairro de Navegantes, onde morava numa casa de madeira e quintal de terra batida. Romeu era industriário, trabalhava no almoxarifado da Companhia Sulbrasileira de Vidros, e pôde ocupar um apartamento na vila do IAPI - Instituto de Aposentadoria e Pensão dos Industriários.

1954 — Enquanto cursa o primário no Grupo Escolar Gonçalves Dias, Elis vai aprender piano com uma professora do bairro do IAPI. Estudou durante dois anos, e por não poder comprar um piano, optou pelo canto.

1956 — Dona Erci leva a filha Elis à Rádio Farroupilha

e a apresenta a Ary Rego, que tinha um programa chamado *Clube do Guri*. Com seu talento precoce, tornou-se cantora fixa do programa dominical, ganhando um pequeno cachê. Lá se apresentou dos onze aos treze anos e meio. Na estréia, nervosismo e insegurança provocam-lhe uma hemorragia no nariz, manchando o vestido branco de gala.

1957 — Cursa o ginásio no Instituto de Educação Flores da Cunha, tradicional colégio público, que relutou em aceitar a aluna Elis Regina, por ser ela "cantora de rádio".

1959 — Elis deixa o *Clube do Guri* e a Rádio Farroupilha e assina seu primeiro contrato profissional com a Rádio Gaúcha, para cantar no *Programa Maurício Sobrinho*.

1960 — Aos quinze anos, debutante, estréia seu par de sapatos altos e também grava um compacto simples pela Continental, contendo as músicas *Dá Sorte* e *Sonhando*.

1961 — Cursa meio ano do primeiro colegial (clássico) e sofre esgotamento nervoso por conciliar estudo com excesso de trabalho. No semestre seguinte, transfere-se para o curso normal.

Viaja de Porto Alegre para o Rio de Janeiro para gravar seu primeiro LP, *Viva a Brotolândia*, pela Continental, produzido pelo compositor Nazareno de Brito e orquestra de Severino Filho.

6 de dezembro — Elis é eleita a Rainha do Disco Clube, em Porto Alegre.

1962 — Sai o seu segundo LP pela Continental, *Poema*.

31 de dezembro — Recebe o prêmio de Melhor Cantora do Ano, no Salão de Atos da PUC, em Porto Alegre.

1963 — Grava o LP *O Bem do Amor*, pela CBS. Ao

terminar o segundo ano do normal, abandona o curso. "Se eu seguisse o rumo natural da minha vida, seria uma operária têxtil de qualquer indústria do país, porque meu pai é operário e minha mãe, dona de casa."

1964 — *Março*. Com dezoito anos, chega de "mala e cuia" no Rio de Janeiro, para tentar a sorte. Junto com seu pai vai morar num quarto-e-sala na rua Figueiredo Magalhães, em Copacabana (depois na rua Barata Ribeiro, no conhecido Edifício Chamado 200). Tempos difíceis. Tinha de mandar dinheiro para a mãe e os dois irmãos, que ficaram em Porto Alegre.

Pouco tempo depois, assina contrato com a TV Rio, onde participa em vários programas *Noite de Gala*, ao lado de famosos artistas como Jorge Ben e Wilson Simonal. Levada pelo baterista Dom Um Romão, começa a se apresentar no maior templo da canção brasileira da década de 1960, o Beco das Garrafas, um reduto com vários clubes e bares noturnos. Na casa Little Club fez o *show Bossa a Três* com o Copa Trio de Dom Um Romão. No Bottle's, estréia com sucesso o espetáculo *Sósifor*, dirigido pela dupla Luís Carlos Miele e Ronaldo Bôscoli e Iris Lettieri nos textos.

31 de agosto — Estréia da cantora em São Paulo: Elis é convidada a participar do espetáculo *Boa Bossa*, em *show* beneficente para a Associação de Moças da Colônia Sírio-Libanesa, dirigido por Walter Silva, em que também participaram Agostinho dos Santos, Sílvio César, Lennie Dale, Peri Ribeiro e o Zimbo Trio .

Outubro — Participa com o Zimbo Trio do programa *Primeira Audição*, gravado pela TV Record no Colégio Rio Branco, em São Paulo. Participa também do *show Bossa Só*, no Clube Hebraica (SP) e *O Remédio é Bossa*, no qual canta com Marcos Valle a música *Terra de Ninguém*, promovido pela Escola Paulista de Medicina.

Novembro — No *show 1º Denti-Samba*, faz a segunda

parte do espetáculo, promovido pela Faculdade de Odontologia da USP. Elis canta acompanhada do Copa Trio.

1965 — *Fevereiro* — Um *show* por noite nas casas paulistanas rendia a Elis o que O Beco lhe proporcionava em um mês de trabalho. Assim foi que, em busca de melhores cachês, se instalou em São Paulo, primeiramente no apartamento do empresário Marcos Lázaro, na esquina da avenida Rio Branco com Ipiranga.

Uma vez em São Paulo, Elis declara ter sido discriminada no Rio de Janeiro, porque era gaúcha: "eu dava boa-noite e não ouvia resposta; ensaiava uma música num tom e, na hora de tocar, os músicos atacavam três tons acima, só pra me humilhar".

6 de abril — Elis vence o I Festival de Música Popular, realizado pela TV Excelsior, com a música *Arrastão*, de Edu Lobo e Vinícius de Morais e recebe o prêmio Berimbau de Ouro. Nesse mesmo festival, Elis defendeu ainda uma outra canção, *Por um Amor Maior*, de Francis Hime e Ruy Guerra, mas foi desclassificada.

8 de abril — No Teatro Paramount (São Paulo) estréia o *show* Elis, Jair e Jongo Trio, produzido por Walter Silva, superlotando ainda as apresentações dos dias nove e doze. Jair Rodrigues cantava seu famoso refrão "deixem que digam, que pensem, que falem, eu não estou fazendo nada, você também...". Nascia ali a dupla Elis e Jair, que durou três anos, com três LPs gravados ao vivo no Teatro Paramount e Teatro Record: *Dois na Bossa, nº 1, 2 e 3*. Só o primeiro LP vendeu 500 mil cópias, um fenômeno para a época e para hoje.

Depois do *show*, Elis recebe o prêmio Roquete Pinto, como a melhor cantora de 1964, na TV Record, e ainda assina contrato para comandar um programa semanal na emissora.

Maio — Sai o disco *Samba Eu Canto Assim*, primeiro LP individual de Elis Regina para a Companhia Brasileira de Discos, selo Philips.

Estréia na TV Record o programa *O Fino da Bossa*, apresentado por Elis junto com o parceiro Jair Rodrigues. O programa era gravado no Teatro Record da rua da Consolação, às segundas-feiras, e levado ao ar às quartas-feiras. Praticamente, todos os artistas famosos da época se apresentaram no programa.

1966 — *Janeiro* — Elis e Jair Rodrigues vão para a Europa e ficam até o início de março, fazendo *shows* em Lisboa e Luanda, junto com o Zimbo Trio.

Março — 10, 11 e 12 — Apresentação com o Zimbo Trio no Jardim de Inverno Fasano (São Paulo). Sai o disco *Elis*, o segundo pela CBD-Philips. Ela lança um compositor desconhecido chamado Milton Nascimento, gravando pela primeira vez uma música dele, chamada *Canção do Sal*.

Setembro — Cantando *Ensaio Geral*, de Gilberto Gil, Elis participa do II Festival de Música Popular Brasileira, na TV Record. Também participa com *Jogo de Roda*, de Edu Lobo e Ruy Guerra, mas só a canção de Gil chega à classificação final, obtendo o 5º lugar, e a intérprete é muito vaiada. Os vencedores foram Chico Buarque, com *A Banda*, cantada por ele e Nara Leão e *Disparada*, de autoria de Geraldo Vandré e Théo de Barros, defendida por Jair Rodrigues.

Outubro — Participa na parte nacional do I Festival Internacional da Canção, promovido pela TV Globo, com a música *Canto Triste*, de Edu Lobo e Vinícius de Morais. Novamente Elis (e Edu Lobo ao violão) foi vaiada pelo público, no Maracanãzinho, quando sua canção foi classificada para as finais. A música vencedora foi *Saveiros*, de Dori Caymmi e Nelson Motta, defendida por Nana Caymmi. Nesse mesmo ano, Elis grava um compacto simples pela CBD-Philips, com as melodias *Canto Triste* e *Saveiros*.

Dezembro — *Show* na boate Zum Zum (Rio de Janeiro) com Baden Powell.

"O que tenho na garganta é um instrumento. Se o pianista precisa estudar anos a fio para executar seu instrumento, porque eu não tenho de estudar também para usar a minha garganta?"

1967 — *19 de junho* — A TV Record tira o programa *O Fino da Bossa* do ar. O programa estava sendo dirigido por Miele e Bôscoli, desde que passou a perder audiência, e tinha um outro nome, o *Fino 67*. Mesmo assim não conseguiu recuperar a audiência e a Record resolve transformá-lo em uma série chamada *Frente Única — Noite da MPB*, produzida por Solano Ribeiro, com apresentadores diferentes a cada semana: Elis e Jair, Chico e Nara, Geraldo Vandré, Gilberto Gil.

3 de julho — Estréia do programa *Frente Única — Noite da MPB*, que dura nove programas, com três deles apresentados por Elis. Nessa época, Elis, Gilberto Gil e Edu Lobo participam de uma passeata defendendo as raízes da MPB contra a invasão da música estrangeira. Essa manifestação ficou conhecida como "passeata contra as guitarras".

Outubro — Participa no III Festival de Música Popular Brasileira, da TV Record, defendendo a canção *O Cantador*, de Dori Caymmi e Nelson Motta, mas a canção só leva um prêmio, o de melhor intérprete: Elis Regina. O vencedor foi Edu Lobo e Capinam, com a música *Ponteio*. Chico Buarque ganha o terceiro lugar, com *Roda-Viva*. Este festival ficou para a história porque foi lá que nasceu o tropicalismo: Gilberto Gil e os Mutantes ganham o segundo lugar com a música *Domingo no Parque*; Caetano Veloso e seu grupo argentino Beat Boys ficam em quarto lugar com *Alegria, Alegria.*

Novembro — Elis não participa do II Festival Internacional da Canção, da TV Globo, em que na parte nacional venceu a música *Margarida*, de Guttemberg e Guarabira, mas grava a canção que obteve o segundo lugar: *Travessia*, de Milton Nascimento e Fernando Brant.

5 de dezembro — Elis Regina, aos vinte e dois anos, casa-se no civil com Ronaldo Bôscoli, de trinta e oito anos.

7 — Casamento no religioso, na Capelinha Mairynk, Floresta da Tijuca (Rio de Janeiro). O casal vai morar na Avenida Niemeyer, em São Conrado, no Rio.

1968 — *Janeiro* — Representa o Brasil no II Mercado Internacional do Disco e da Edição Musical (MIDEM), em Cannes, na França, cantando na abertura do *show*. Aplaudida, volta para bisar *Upa, Neguinho*. Apresenta-se em tevês da Inglaterra, Suécia, Holanda, Bélgica e Suíça.

29 — Estréia de *Elis Especial*, programa mensal gravado no Teatro Paramount (São Paulo), dirigido por Miele e Bôscoli e levado ao ar pela TV Record.

6 de março — Estréia no Olympia de Paris, onde Elis canta oito músicas acompanhada pelo Bossa Jazz Trio, inclusive uma versão em francês de *Samba da Bênção* de Baden Powell e Vinícius de Morais.

7 de abril — A TV Record homenageia Elis no *Show do Dia 7*, com mais de três horas de programa, no qual é narrada a vida da artista. Seus pais, avó e irmão Rogério estão presentes. Amigos também: Chico Buarque, Francis Hime, Edu Lobo, Vinícius de Morais, Baden Powell, Isaura Garcia, Agnaldo Rayol, Ronald Golias, Chico Anísio, Wanderléa, Erasmo Carlos, Ronnie Von, Hebe Camargo, Wilson Simonal, entre outros.

Maio — Apresenta-se com Jair Rodrigues e o Bossa Jazz Trio no Teatro Ópera, em Buenos Aires.

11 — Participa da I Bienal do Samba, promovida pela TV Record. Elis vence com *Lapinha*, de Baden Powell e Paulo César Pinheiro.

Agosto — Temporada de um mês na boate Sucata, de Ricardo Amaral, no Rio. Na estréia, 600 pessoas aplaudem o *show* dirigido por Miele e Bôscoli.

Outubro — Elis faz parte do júri internacional do III Festival Internacional da Canção, da TV Globo. Na parte nacional, houve muito tumulto quando Gil e Caetano são desclassificados na eliminatória no TUCA (São Paulo). Gil canta *Questão de Ordem* e Caetano, *É Proibido Proibir*, vestindo uma roupa de plástico. Mas a platéia recebe mal o artista baiano, que desfere um filosófico discurso sob intensa vaia: "... mas que juventude é essa que grita e diz que quer tomar o poder; vocês vão matar amanhã o velhote inimigo que morreu ontem..."

A canção vencedora foi *Sabiá*, de Tom Jobim e Chico Buarque. A platéia vaia porque preferia *Caminhando* (Pra não dizer que não falei de flores), do lendário Geraldo Vandré.

3 — Numa entrevista ao *Jornal da Tarde*, Elis crucifica o tropicalismo: é um movimento profissional e promocional. De artístico mesmo não tem nada".

23 — Inicia nova temporada no Olympia de Paris, que permanece até meados de novembro. Leva o maestro Erlon Chaves e Roberto Menescal. É a primeira vez que uma artista se apresenta duas vezes no mesmo ano no Olympia, noticiava a revista *Fatos e Fotos* daquela época. Elis grava na França um compacto duplo (*Elis Regina em Paris*) com a participação de Pierre Barouh na música *Noite dos Mascarados,* de Chico Buarque, cantada em francês, com arranjos de orquestra de Eumir Deodato. Depois, segue para Lisboa, Portugal, onde se apresenta no Cassino Estoril.

28 de novembro — A TV Record leva ao ar o especial *Elis em Paris*, gravado durante sua apresentação no Olympia.

1969 — *Janeiro* — Apresenta-se mais uma vez no Mercado Internacional do Disco e da Edição Musical (MIDEM), em Cannes, França, onde canta *Corrida de Jangada, Memórias de Marta Saré* e *Casa-forte*. Também se apresenta em tevês da Inglaterra, Suíça, Suécia, Bélgica e Holanda.

18 de março — O programa *Elis Studio*, dirigido por Miele e Bôscoli, estréia na TV Record, gravado sem a presença de platéia. Roberto Carlos foi um dos convidados.

5 de abril — Elis recebe o título de Cidadã da Mangueira, concedido pela escola de samba Estação Primeira de Mangueira.

Maio — Elis desliga-se da TV Record.

4 — Segue para Londres e grava um LP com o maestro inglês Peter Knight, voltando no dia 13. No Brasil, o disco *Elis Regina in London* é lançado somente em 1982.

Junho — Vai para a Suécia onde grava um LP com o gaitista Toots Thielemans. O disco é lançado na Europa, mas só mais tarde, em 1978, chega no Brasil.

1 de julho — O *show Elis com Miele & Bôscoli* estréia no Teatro da Praia (Rio)

Agosto — Numa entrevista a Clarice Lispector, Elis declara: "O palco está tão ligado à minha maneira de ser, à minha evolução, aos meus traumas, que eu acho que me separar do palco é a mesma coisa que castrar um garanhão".

Lança o compacto simples *Tabelinha Elis X Pelé*, pela CBD-Philips, com duas composições de Edson Arantes do Nascimento, *Perdão não tem* e *Vexamão.*

2 de novembro — Estréia em São Paulo o *show Elis com Miele & Bôscoli*, no Teatro Maria Della Costa.

1970 — *2 de abril* — Estréia no Canecão (Rio) um *show* dirigido por Miele e Bôscoli e direção musical de Erlon Chaves. Elis está no sétimo mês de gravidez. Ela canta uma música de Caetano Veloso (*Não Tenho Medo*) e outra de Gil (*Fechado Pra Balanço*), compostas especialmente para ela e enviadas do exílio londrino (Gil e Caetano tinham saído do Brasil em 1969 e estavam morando em Londres). Nesse mesmo *show*, Elis Regina revela Tim Maia, que estava voltando dos Estados Unidos, depois de morar alguns anos por lá.

17 de junho — Nasce João Marcelo, primeiro filho de Elis, que está com vinte e cinco anos. Nos primeiros meses de vida, o menino tem problemas por ser alérgico a leite de vaca. Elis, sem leite para amamentá-lo, vai à televisão expor o seu problema e pede ajuda de amas-de-leite.

20 de novembro — Estréia o *show Com a Cuca Fundida*, numa curta temporada na Di Mônaco (São Paulo).

1971 — *Janeiro* — Elis divide com Ivan Lins a apresentação do programa *Som Livre Exportação*, na TV Globo.

Junho — Estréia na TV Globo o programa mensal *Elis Especial*, dirigido pela dupla Miele e Bôscoli.

Outubro — Elis preside o júri do VI Festival Internacional da Canção, da TV Globo. Especulou-se que Tom Jobim, Edu Lobo, Paulinho da Viola e Chico Buarque (de volta para o Brasil, após exílio na Itália) iriam protestar contra a censura, durante a transmissão ao vivo. Mas eles acabam se retirando do festival. A música vencedora foi *Kiriê*, de Edmundo Souto e Paulinho Tapajós.

Elis é a única convidada brasileira a participar do disco *Top Star Festival*, gravado a pedido da ONU em apoio aos refugiados de todo o mundo. Ela canta *Madalena*.

1972 — *1 de março* — O *show É Elis* estréia no Teatro da Praia (Rio de Janeiro) sob direção de Miele e Bôscoli, com César Camargo Mariano ao piano. Alguns compositores foram lançados por Elis nesse *show*: Vitor Martins, Sueli Costa, Fagner, João Bosco e Aldir Blanc.

Abril — Elis é obrigada a aparecer na televisão, conclamando o povo a cantar o Hino Nacional no dia 7 de setembro (ano do Sesquicentenário da Independência). Fora pressionada pelas autoridades que não gostaram de uma entrevista concedida no exterior, quando Elis os chamou de "gorilas". Esse vexame também se estendeu a Marília Pera, Paulo Gracindo, Tarcísio Meira e Glória Menezes.

11 de maio — Elis Regina e Ronaldo Bôscoli se desquitam, após várias separações e reconciliações. O juiz determina que o pai deveria dar pensão de três salários mínimos a João Marcelo, filho do casal, que fica com a mãe.

Junho — Depois de quase um ano no ar, acaba o programa *Elis Especial*, e Elis rescinde o contrato com a TV Globo, alegando não ter condições para trabalhar com o ex-marido.

Setembro — Canta nas Olimpíadas do Exército, nas comemorações do Sesquicentenário da Independência.

Outubro — Apresentação no Mônaco Music Hall, de São Paulo, com César Camargo Mariano.

1973 — *Maio* — A gravadora Philips promove o *Phono 73* nos dias 10 a 13, no Anhembi (São Paulo), um *show* com seus artistas contratados. Elis, Gal, Gil, Bethânia, Caetano, Chico, Fagner, Nara Leão são algumas dessas estrelas. Cada artista se apresentava sozinho e, antes de sair do palco, fazia dueto com o artista seguinte. A platéia recebe Elis com certa frieza. Caetano Veloso, da platéia, levanta-se e grita: "respeitem a maior cantora desta terra". Elis cantou *Cabaré*, *É com Esse que Eu Vou* e *Ladeira da Preguiça*. No mesmo dia da apresentação de *Elis* foram desligados os microfones de Gilberto Gil e Chico Buarque, quando eles iam cantar *Cálice*, música proibida pela censura, na época.

10 de agosto — Parte com César Camargo Mariano e banda, num ônibus, pelos Estados de São Paulo, Santa Catarina e Paraná, em excursão de trinta e seis dias, cumprindo o Circuito Universitário. Após essa excursão, Elis rompe com o empresário Marcos Lázaro. Numa entrevista à jornalista Pink Wainer, Elis declara que, "por saber que vai ao encontro dos universitários, prepara um trabalho sério, consciente, de acordo com a idéia do que é proposto. E, no fim, tem de enfrentar uma massa descaracterizada, reunida em ginásios e cinemas, quando na verdade isso deveria ser feito no próprio campus".

1974 — Em comemoração aos seus dez anos de carreira, Elis viaja para Los Angeles e grava um disco com Tom Jobim, nos estúdios da MGM, entre os dias 22 de fevereiro e 9 de março. Tom participa com arranjos, tocando piano, violão e cantando em algumas faixas. César Camargo Mariano e banda também participam.

Elis e Mariano fazem mudança para São Paulo e vão morar na rua Califórnia, no bairro do Brooklin.

2 de maio — O recital *Elis* estréia no Teatro Maria Della Costa (São Paulo), sob direção de César Camargo Mariano.

Julho — Participa do *show* de inauguração do Teatro Bandeirantes (São Paulo), junto de Chico Buarque, Maria Bethânia, Tim Maia e Rita Lee. Canta *Conversando no Bar, Travessia*, *O Mestre-Sala dos Mares*, *Só Tinha de Ser com Você*, *Triste* e *Pois é* (esta com a participação de Chico Buarque). Após o *show*, Elis segue para mais um Circuito Universitário em Porto Alegre, Caxias do Sul, Curitiba, interior de São Paulo e Paraná.

O disco gravado com Tom Jobim em Los Angeles é lançado.

Outubro — Nos dias 3 e 4 Elis e Tom se apresentam no Teatro Bandeirantes (São Paulo), junto com o quinteto de César Camargo Mariano e orquestra do maestro Leo Peracchi. O *show* era dividido em três partes: Elis abria na primeira parte; a segunda parte ficava por conta de Tom; e na terceira, cantavam juntos.

Novembro — *20 a 23* — Recitais no Teatro da Universidade Católica - TUCA (São Paulo) com o quinteto de César Camargo Mariano. É o *show* de apresentação do seu disco *Elis,* pela gravadora CBD-Phonogram/Philips.

"Quero sofrer tudo até a última gota, quero tudo a que tenho direito — as coisas boas e ruins — e não pretendo deixar nada para ninguém."

1975 — Elis funda a empresa TRAMA, com seu irmão Rogério e César Camargo Mariano, que disse na ocasião: "precisávamos organizar o trabalho de Elis, já que não estamos querendo ser empresariados por ninguém. Vamos nós mesmos dirigir, produzir e empresariar, mesmo que se apanhe um pouco no começo". A empresária Elis também declarou que "a tranqüilidade que dá você ser dono de sua cabeça é algo maravilhoso". Como produtora independente, o primeiro espetáculo produzido pela TRAMA foi *Te Pego Pela Palavra*, com Marlene.

18 de abril — Nasce Pedro, no Hospital São Luís (São Paulo). É o segundo filho de Elis e primeiro com César Camargo Mariano. "Agora tenho em casa dois primogênitos", disse a mãe.

Setembro — Início do ensaio para o *show Falso Brilhante*. Elis pretende não só cantar; por isso, toma aulas de expressão corporal e exercícios de sensibilização teatral com a diretora do espetáculo, Miriam Muniz. Cerca de um mês antes da estréia, o grupo passa a ensaiar ao lado de um banheiro público embaixo do Viaduto do Chá, no centro de São Paulo.

17 de dezembro — Estréia no Teatro Bandeirantes (São Paulo) o *show Falso Brilhante*. Sucesso em toda a temporada de 14 meses, com média de 1.500 pessoas por noite. Apesar de empresários tentarem levar o *show* para outras cidades, Elis só se apresentou em São Paulo.

1976 — *Fevereiro* — Lançamento do disco *Falso Brilhante*, com parte das músicas do *show*, gravado em estúdio. Eis alguns dos sucessos: *Como nossos Pais* e *Velha Roupa Colorida* (de Belchior), *Gracias a La Vida* (de Violeta Parra) e *Los Hermanos* (de Atahualpa Yupanqui). Arranjos e direção musical de César Camargo Mariano.

15 de março — *Falso Brilhante* é premiado pela Associação Paulista dos Críticos de Arte como o melhor *show* do ano.

24 de março — Elis e a TRAMA, produtora de *Falso Brilhante*, vencem na justiça uma ação reclamada por Miriam Muniz (diretora) e Naum Alves de Souza (cenógrafo) que exigiam 5% da renda bruta do *show*.

21 de maio — Comemoração com grande festa das 100 apresentações do *show Falso Brilhante*.

20 de outubro — São 200 apresentações de *Falso Brilhante*. Até esse dia o *show* tinha sido visto por mais de 190 mil pessoas, desde a estréia: recorde absoluto no *show biz* brasileiro. Entre os fatores que influenciaram para tal sucesso ocorrer, segundo a própria cantora, estão a espontaneidade e a naturalidade com que o *show* é feito, "não existe aquela história de agora vamos entrar em cena".

23 de outubro — *Elis Especial* vai ao ar pela TV Bandeirantes. O musical foi gravado em diversas etapas, algumas nos estúdios da Vice-Versa e outras no Teatro Bandeirantes, com partes do *show Falso Brilhante*. O especial mostra momentos de descontração de Elis, num almoço que ela ofereceu aos integrantes do *show*, no qual, enquanto saboreiam uma tainha recheada que ela mesma preparou, Elis faz um retrospecto desse primeiro ano de união do grupo. Na seleção de músicas, constam: um *pot-pourri* de Baden Powell, *O que Tinha de Ser*, *Tatuagem*, *Berimbau*, e outras melodias.

Dezembro — O casal Elis e César e os dois filhos mudam-se do bairro paulistano do Brooklin para uma casa na Serra da Cantareira (São Paulo), a quarenta minutos de São Paulo. "... Eu quero uma casa no campo...", cantava Elis Regina, que numa entrevista à revista *Amiga*, em maio de 1980, dizia que seu inconsciente coletivo é do campo: minha avó era pastora de ovelhas, e meu avô, plantador de uvas (...) papai veio dos índios (...) eu e meu irmão passamos a infância catando cocô de vaca para que eles misturassem e fizessem plantações no quintal.

1977 — *6 de janeiro* — *Falso Brilhante* volta em cartaz, depois de umas férias da Companhia desde 18 de dezembro. *Marcha de Quarta-Feira de Cinzas*, de Carlos Lyra e Vinícius de Morais é incluída no repertório.

18 de fevereiro — Encerramento de *Falso Brilhante*, após temporada de 14 meses, 257 apresentações e público de 280 mil pessoas.

10 de março — Estréia no Teatro Bandeirantes (São Paulo) o *show São Paulo-Brasil*, de César Camargo Mariano e grupo, com roteiro e direção de Oswaldo Mendes e assistência de direção de Elis Regina.

25 de julho — Elis apresenta-se no *show Fino da Música*, promovido pela Rádio Jovem Pan, no Palácio de Convenções do Anhembi (São Paulo), para um público de mais de 3.500 pessoas. Participou também Renato Teixeira, que lançou nesse dia a música *Romaria*. Elis está grávida de sete meses.

16 de agosto — Grava junto com Milton Nascimento uma participação especial em programa levado ao ar pela TV Bandeirantes no dia 21 de setembro. Eles cantam *Caxangá* (de Milton e Fernando Brant).

9 de setembro — Maria Rita nasce no Hospital São Luís (São Paulo). É o terceiro filho de Elis, e segundo com César Mariano.

17 de novembro — Estréia nacional em Porto Alegre, no Teatro Leopoldina, o *show Transversal do Tempo* (até 6 de dezembro). Roteiro e direção de Aldir Blanc e Maurício Tapajós, com direção musical de César Camargo Mariano.

1978 — *20 de fevereiro* — Elis apresenta no Teatro Sistina, de Roma o *show Transversal do Tempo*, e depois no Teatro Lírico de Milão.

1º de março — Apresentação de *Transversal do Tempo* no Club de Vanguardia, em Barcelona, na Itália.

7 de março — Estréia de *Transversal do Tempo* no Teatro Ginástico (Rio de Janeiro) para uma temporada de três meses.

20 a 30 de julho — *Transversal do Tempo* em Salvador, no Teatro de Icéia.

Agosto — Temporada de *Tranversal do Tempo* em Belo Horizonte e Curitiba.

8 de outubro — Segundo a revista *Veja*, Elis se recusa a levar *Transversal do Tempo* para Buenos Aires porque seu disco *Falso Brilhante* continuava proibido pela censura argentina, por causa da inclusão da música *Gracias a La Vida*, de Violeta Parra.

25 de outubro — *Transversal do Tempo* estréia no Teatro Brigadeiro (São Paulo).

1979 — *1º de janeiro* — A TV Bandeirantes leva ao ar um programa especial em que Elis aparece passeando e cantando com Adoniran Barbosa, visita Rita Lee e com ela canta *Doce Pimenta*, composição de Rita para Elis.

No fim do mês, *Transversal do Tempo* sai de cartaz e Elis viaja para descansar. Durante mais de um ano, o *show* foi apresentado em Roma, Paris, Milão, Barcelona e nas capitais Porto Alegre, Rio de Janeiro, Fortaleza, Recife, Salvador, Belo Horizonte, Curitiba e São Paulo.

Fevereiro — Assina contrato com a gravadora WEA, incluindo uma apresentação no Festival de Jazz de Montreux, Suíça.

Maio — Participa no *Show de Maio*, em São Bernardo

do Campo, destinado ao fundo de greve dos metalúrgicos de São Paulo, no antigo galpão do estúdio da Cia. Vera Cruz de Cinema. Também participaram Fagner, Belchior, Gonzaguinha, João Bosco, Macalé, Dominguinhos, Carlinhos Vergueiro, entre outros. Platéia de cinco mil pessoas.

15 de maio — Sai o primeiro compacto simples de Elis pela WEA. A música *O Bêbado e a Equilibrista* (de João Bosco e Aldir Blanc) fica sendo conhecida como o "Hino da Anistia", numa época em que a campanha para anistiar vários exilados se intensificava no Brasil.

Julho — Sai pela WEA o LP *Elis, Essa Mulher*, com *O Bêbado e a Equilibrista.*

15 — Apresentação no Grand Palace de Bruxelas, Bélgica, em comemoração aos mil anos da cidade. Elis canta *Maria, Maria* e *Madalena* acompanhada pelo gaitista Toots Thielemans.

19 — Canta na Noite Brasileira do 13º Festival de Jazz de Montreux, Suíça, com César Camargo Mariano e banda. No final, faz *jam sessiom* com Hermeto Paschoal.

25 — Canta no Festival de Jazz de Tóquio, Japão.

30 de agosto — Início de temporada do *show Elis, Essa mulher*, pelo interior de Minas, Paraná, São Paulo e várias capitais. Em São Paulo, as apresentações foram no Palácio do Anhembi, nos dias 14, 15 e 16 de setembro. A estréia nacional foi em Sorocaba (SP), no Ginásio Municipal de Esportes de Sorocaba, para um público de 2.500 pessoas. Algumas músicas do *show*: *Maria, Maria*; *Fé Cega, Faca Amolada; O Bêbado e a Equilibrista; Essa Mulher.*

1980 — *Janeiro* — Início de ensaios para o *show Saudade do Brasil,* no Teatro Procópio Ferreira (São Paulo).

20 de março — *Saudade do Brasil* estréia no Canecão (Rio de Janeiro), com 13 músicos e 11 bailarinos, coreografados por Márika Gidali, que também dá aulas de dança para Elis. Elogios: "Elis, César & Cia. fizeram o seu melhor trabalho em muitos anos" (*Isto É* - 23/7/80); "Elis, empolgante" (*Veja* - 9/7/80). Alguns dos sucessos apresentados no *show*: *Alô, Alô, Marciano; Canção da América; Conversando no Bar; Aquarela do Brasil;* etc.

9 de julho — Elis cancela seu *show* e participa das homenagens póstumas ao poeta Vinícius de Morais, que morreu nesse dia.

Agosto — *Saudade do Brasil* se despede do Canecão (onde Elis não se apresentava havia dois anos), depois de cinco meses de sucesso.

4 de setembro — Estréia de *Saudade do Brasil* no TUCA (São Paulo), para uma temporada de um mês.

3 de outubro — Vai ao ar pela TV Globo o especial *Elis Regina Carvalho Costa*, da série Grandes Nomes. O programa foi gravado em agosto, no Teatro Globo-Rio, para uma platéia de mais de 800 convidados. A gravação levou cerca de uma hora e meia, sem qualquer regravação, e grande parte das músicas está em seu bem-sucedido disco *Saudade do Brasil*. Na hora de chamar seu convidado especial (um quadro fixo do programa), quem entrou no centro do palco, para fazer dupla com Elis, foi César Camargo Mariano (casados há seis anos e atuando juntos há dez anos). Segundo Daniel Filho, diretor do especial, o truque era esse mesmo: duas pessoas que se conhecem muito, que deixassem acontecer o que surgisse no momento. É uma parte solta dentro do programa, quando Elis faz umas piadas, conversa com César sobre o que vão tocar, consulta a platéia, tudo isso foi respeitado na edição do programa. E essa liberdade do casal permitiu um dos momentos mais belos no especial, quando interpretam *Rebento*, com Elis acompanhada ao piano por César. No número *Cantores do Rádio*, Elis presta homenagem a Carmem Miranda e ao Bando da Lua.

1981 — *Janeiro* — Elis vai para Los Angeles preparar um disco junto com Wayne Shorter, saxofonista que já gravara com Milton Nascimento, mas o projeto não se concluiu.

6 de março — No especial de Gal Costa, dentro da série Grandes Nomes, da TV Globo, Elis vem de Los Angeles especialmente para atender ao convite da cantora baiana. As duas cantam *Amor Até o Fim* (de Gilberto Gil) e *Estrada do Sol* (de Tom Jobim e Dolores Duran).

9 de julho — Vai para o Chile participar de um programa de televisão.

22 de julho — O *show Trem Azul* estréia no Canecão paulista. Direção Fernando Faro, cenário Elifas Andreato. Apesar de ter feito os arranjos musicais, César Camargo Mariano não participa do *show* porque está separado de Elis, após nove anos de união. Algumas das canções: *Aprendendo a Jogar, Se Eu Quiser Falar Com Deus, Baila Comigo.*

19 de setembro — Elis canta pela última vez em Porto Alegre, sua cidade natal, na única apresentação de *Trem Azul*, no Ginásio de Esportes Gigantinho.

22 a 25 de outubro — *Trem Azul* volta para São Paulo, no Palácio de Convenções do Anhembi.

26 de outubro — Elis assina contrato com a gravadora Som Livre, durante um coquetel no salão do Hotel Caesar Park, Rio de Janeiro. Para o *Coojornal* de outubro de 1981, Elis declarou que "todas as gravadoras eram iguais, mas que a Som Livre pelo menos toca no rádio, põe os discos nas lojas, tem 30% da fatia de mercado, divulga na televisão e tudo".

28 de outubro — Apresenta *Trem Azul* durante cinco dias, no Teatro João Caetano, do Rio de Janeiro.

11 de dezembro — *Trem Azul* é apresentado no Rio Palace (Rio de Janeiro).

31 de dezembro — Última apresentação de Elis na televisão. Foi num especial de fim de ano da TV Record, no qual canta *Me Deixas Louca* (de Armando Manzareno e versão de Paulo Coelho) e *Trem Azul* (de Lô Borges e Ronaldo Bastos).

1982 — *Janeiro* — Começa a escolher o repertório para seu primeiro disco pela Som Livre.

5 — Sua última entrevista: foi para o programa *Jogo da Verdade*, da TV Cultura (São Paulo), entrevistada por Zuza Homem de Mello, Maurício Kubrusly e Salomão Esper.

19 — Elis Regina morre às 11h45, terça-feira, em São Paulo. O laudo médico registra intoxicação exógena aguda. O corpo da cantora é velado no Teatro Bandeirantes (São Paulo). Elis veste uma camiseta que não pôde ser usada no *show Saudade do Brasil* — uma bandeira do Brasil com seu nome escrito no lugar de "Ordem e Progresso".

20 — Por volta da uma hora da tarde, Elis Regina é sepultada no Cemitério do Morumbi, túmulo 2199, quadra 7, setor 5.

21 — Sai o laudo número 415/82 do Laboratório de Toxicologia do Instituto Médico-Legal: "... resultado positivo para cocaína e álcool etílico, este na quantidade de 1 grama e 600 miligramas de álcool etílico por litro de sangue..."

22 — A TV Cultura e a TV Globo apresentam especiais com Elis Regina. Uma emissora da Alemanha também apresenta teipes de seu *show* realizado naquele país.

26 — Missa de sétimo dia são rezadas em várias cidades do Brasil.

29 — O Laboratório de Toxicologia do IML divulga exame complementar, revelando: 23 miligramas de cocaína por 100 mililitros de urina.

30 — Gal Costa, no Maracanãzinho, Rio, e durante toda a temporada do seu *show Festa do Interior*, dedica a Elis Regina a canção *Força Estranha* de Caetano Veloso.

7 de fevereiro — No *show Canta Brasil*, com vários artistas da MPB, mais de cem mil pessoas no estádio do Morumbi (São Paulo) cantam *O Bêbado e a Equilibrista*, sob um painel grandioso com o rosto de Elis Regina.

23 — É arquivado o inquérito sobre a morte de Elis, por "não haver crime a punir, nem indução ou auxílio ao suicídio".

Uma cronologia de Elis Regina é extensa e interminável, pois a qualquer momento ela se faz presente, numa página de jornal, num relançamento de disco ou mesmo no radinho ligado de alguém que passa perto. Seu nome será sempre lembrado, sob todos os aspectos, mesmo porque em sua homenagem foi inaugurado, em maio de 1982, o Teatro Elis Regina, em São Bernardo do Campo. Uma praça no bairro do Butantã, em São Paulo. Três ruas com seu nome na Grande São Paulo. Uma escola de educação infantil, na Vila Prudente (São Paulo).

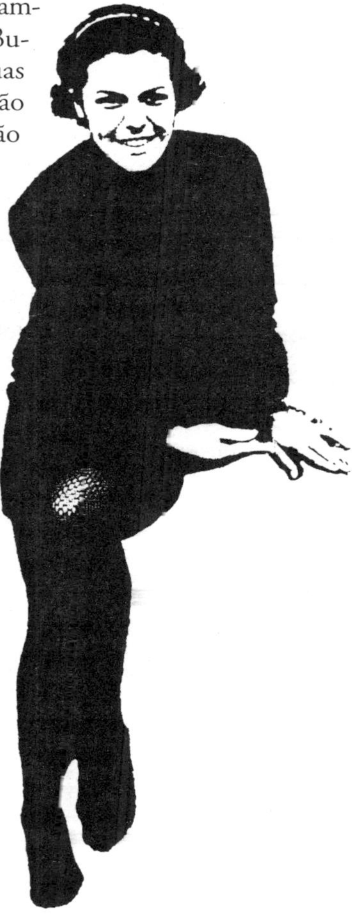

Várias "Semanas Elis Regina" foram promovidas, assim como exposições, enredo de escola de samba, programas especiais de televisão, livro biográfico, livro de fotografias, fã-clube, recital de mímica, balé, teatro-musical, *out-door*, um auditório com seu nome no Anhembi (São Paulo). Todas essas homenagens mantêm Elis em nosso cotidiano, eternamente, pelas transversais do tempo.

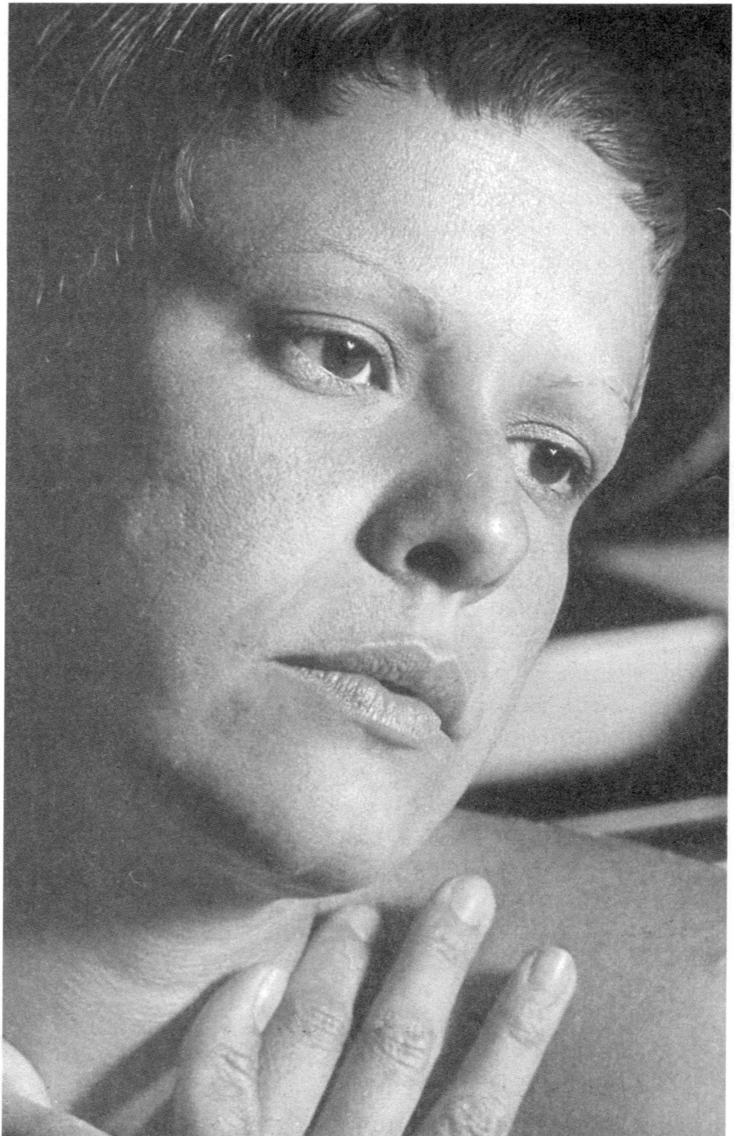

Elis, nos bastidores do *show Falso Brilhante*,
recorde de permanência, 1976.

ELIS REGINA
Por Ela Mesma

Elis Regina no paredão

De Elis Regina já se disse muito. Pró e contra. A causa disso é o sucesso, que muitos aplaudem, alguns invejam, e Elis fatura. Aos treze anos, ainda estudante em Porto alegre, já ganhava "algum" cantando no Clube do Guri, *o que deixava enciumados muitos colegas. Aos vinte e seis anos, perseguida pela fama e pelos ressentimentos alheios, orgulha-se de ter ganho, no ano passado, em seis meses de* show *no Rio e São Paulo, 480 milhões de cruzeiros antigos. Seu último LP —* Elis Como e Porque *— vendeu 50 mil exemplares. Professora,* crooner *de orquestra, após fracassos em São Paulo e no Rio, Elis viu afinal brilhar a sua estrela. Os aplausos do Olympia, em Paris, foram uma consagração. Impulsiva e perdulária, compra briga como, de resto, compra tudo de que gosta. Na véspera de ser mãe, aceita o desafio para encostar-se no paredão de Manchete. E é ela quem manda fogo.*

Armando Pitigliani

Armando Pitigliani — *Elis, em ordem de importância, quais os requisitos essenciais a uma boa gravação: afinação,* *interpretação, repertório, orquestração ou qualidade de som?*

Elis Regina — Armando, você bem sabe que desde o dia em que me levou para a Philips, penso em tudo isso. De que adianta ser só afinado? Ou só intérprete? De que adianta dar a Nelson Ridlle o *Coração de Luto* ou a Frank Sinatra um parque de diversões? Se um desses troços que você citou falhar, a gente se dana. O menos importante — se não for o caso de dar um nó no tímpano — é a afinação. Agora, se houver um negocinho qualquer, mas se o todo for bom ou satisfatório, passa, né?

Armando Pitigliani — *Agora, como sempre, tem muita gente tentando ridicularizar você. O Agnaldo Timóteo acaba de dizer na tevê que você não vende mais de cinco mil discos em cada elepê. Elis, qual a sua opinião sobre ele? E o Martinho da Vila?*

Elis Regina — Que pena eu não vender mais de cinco mil discos, não é, Armando? Quanto à minha opinião sobre Agnaldo Timóteo e Martinho da Vila, peço a Jorge Ben aquela frase emprestada: "Moro num país tropical, abençoado por Deus e bonito por natureza!" E acrescento: Bem feito...

Eneida

Eneida — *Elis, qual a sua importância na música popular brasileira?*

Elis Regina — A minha, Eneida? Como é que eu vou saber? Tantos prós, tantos contras! A gente se perde e se entrega ao tempo para um juízo mais sereno. Um dia, ele me dirá alguma coisa. Ou dirá aos meus filhos que virão. Por enquanto, estou na luta. Guerra é guerra.

Eneida — *Pessoalmente, estou de acordo com Sidney Miller quando diz que "o universalismo em música popular nada mais é do que a fórmula mais eficaz para firmar a posição dos grupos que dominam o mercado internacional do disco, por meio da* *universalização do gosto popular". Elis, que acha da universalização da música popular?*

Elis Regina — Eu concordo com o Sidney Miller também. Mas como não há nada a fazer diante de um fato consumado, procuro enfrentá-lo com realismo. Aquela da esfinge: "Decifra-me ou devoro-te". Eu, a cada dia, procuro — dentro de um esquema que considero meu — uma comunicação maior.

Agnaldo Timóteo

Agnaldo Timóteo — *Elis, com todo o respeito que você merece como colega e ser humano, peço licença para a ousadia dessa pergunta. Você gravou com Pelé por achar funcional artisticamente ou por admiração pessoal ao seu talento?*

Elis Regina — Eu adoro Pelé. Quis ser gentil com ele, gravando uma música de sua autoria. Pelé para mim é Dico, um grande amigo. E quando um amigo importante pede uma coisa sem importância, a gente faz correndo. Gravar uma musiquinha bonitinha é o mesmo que bater um pênalti para Pelé.

Agnaldo Timóteo — *A sua separação da dupla formada com Jair Rodrigues pesou barbaramente na venda de seus discos. Hoje, você não passa dos dez mil. A que atribui isso? Revolta dos admiradores de Jair, sistemática campanha anti-Elis movida principalmente por suas colegas, ou ao seu menor rendimento?*

Elis Regina — Você, um *expert* em vendagem de disco, deve saber melhor do que eu. Que devo fazer? Agnaldo, estou desesperada (*Elis faz força para ficar séria*). Preciso de um conselho amigo, com todo o respeito que você merece como colega e ser humano...

Claudete Soares

Claudete Soares — *Suas últimas viagens pelo mundo lhe deram mais experiência? Você lucrou alguma coisa? Aprendeu algo?*

Elis Regina — Não tenho a menor dúvida. A pessoa, quando sai e vê a extensão de outros horizontes, se modifica. E modificando-se, será outra a sua filosofia. Sua vida. E quando isso tudo muda, muda também a sua forma de se comunicar. Seja ela qual for.

Claudete Soares — *E a música popular brasileira? Qual o futuro?*

Elis Regina — O mais brilhante possível. Somos o segundo país do mundo em música. O resto é piada. Mas é importante uma autocrítica diante de tudo o que vem por aí. Cada vez vai ficar mais difícil enganar. Você não acha, Claudete?

Ricardo Cravo Albim

Ricardo Cravo Albin — *Elis, você é uma das mais completas cantoras deste país. Por isso ou por curiosidade gostaria de saber quem é, na sua opinião, a melhor cantora da Música Popular Brasileira. Caso já não seja, ela poderia vir a ser sucesso internacional?*

Elis Regina — Em primeiro lugar, obrigada pelo elogio. Confesso minha profunda admiração e respeito por Maria Bethânia. Agora, quanto a Bê ser sucesso no estrangeiro, não tenho a mínima condição de prever.

Ricardo Cravo Albin — *Certa corrente da crítica musical acha, a meu ver sem qualquer fundamento, que o artista atual só pode e deve ter compromissos com a arte de sua época, o que implica esquecer ou sepultar tudo o que se fez antes. Isso é burro ou inteligente?*

Elis Regina — Todos nós, artistas ou não, somos fruto de um aprendizado diário, constante. O que eu canto, por exemplo, é decorrência de muita coisa que vivi. Seria possível partir do zero ou da morte de tudo o que se fez antes, se eu sou resultante de muita coisa que já se fez? Sinceramente, não posso compreender uma planta que conceba um edifício que comece no segundo andar. O que não me impede de construir um de mil andares.

General Olímpio Mourão Filho

Gal. Olímpio Mourão Filho — *Só tenho uma coisa a perguntar a você. A arte exige uma comunicação democrática, porque é destinada a todos que possam compreendê-la e senti-la. Isso exclui, filosoficamente falando, o uso da arte para transmitir idéias políticas e religiosas que, por sua natureza, dividem os homens. Pergunto, se diante disso, que é de uma clareza meridiana, pode ser admitida a canção de protesto? Se não concorda, explique-se. Se concorda, me diga porque você interpretou uma canção de protesto num festival, tempos atrás?*

Elis Regina — A única coisa que percebo com clareza meridiana é que o senhor me tenta impor um seu ponto de vista. Partindo de uma premissa imposta, qualquer raciocínio dentro dela seria prejudicado pela própria imposição. Acredito que um criador, um grande criador — eu sou apenas intérprete, general — é aquele que sabe dizer do seu estado de alma. Protestando, amando ou glorificando. Sua arte, se boa, atingirá aos protestantes, amantes e glorificantes. A cada um ou a todos indistintamente. Peço desculpas, general, mas discordo da arte com regulamento. Ao artista cabe — livremente — apenas propor.

Marlene Paiva

Marlene Paiva — *Você, muito mais do que eu, tem sido atacada por pessoas por intermédio da imprensa. Com o passar do tempo, você aprendeu a conviver com certas declarações a seu respeito ou seus inimigos diminuíram?*

Elis Regina — Marlene, a gente se habitua a tudo. Elogios e malhos. Depois de cinco anos, você há de convir que é muito difícil ter novidade. Eu acho que o que havia para ser dito, já o foi. Há muito tempo. Infelizmente, eu tive de me exercitar contra os inimigos gratuitos. Com o hábito, a coisa passa com um video-teipe ou um velho 78 rotações num velho fonógrafo. Decadente, decadente...

Marlene Paiva — *Elis, o tributo pago pela glória é muito alto. Como você paga o seu?*

Elis Regina — Meu imposto de renda está em dia. Esse é que é difícil pagar, o outro é mole. Paciência, amiga. Você é bonita, e com beleza tudo fica mais fácil. Pense, e se possível perdoe, os menos (ou as menos) afortunados (afortunadas).

Albino Pinheiro

Albino Pinheiro — *Você gravaria para o carnaval?*

Elis Regina — Albino, para o carnaval eu gostaria de gravar uma coisa bonita. Agora, entrar naquela de "trabalhar o sucesso", adular "os donos da máquina" e coisas que tais, não está no meu esquema. E até hoje não se conhece outro processo para o êxito no carnaval... Se a coisa é mudar, eu mudo também. Quer dizer, eu gravo também.

Albino Pinheiro — *A Marlene rebolou muito e foi suspensa. Você, que se movimenta tanto, já começou a ter medo da censura?*

Elis Regina — Olha, a censura, como você sabe, dança conforme a música. Quem rebola é pastora de escola de samba. Eu danço. E só quando acho conveniente.

Pelé

Pelé — *O produto Ronaldo-Regina-Bôscoli-Elis já tem nome?*

Elis Regina — Xi, rapaz, já teve mil e um. Todos cancelados. Depois de muito blá-blá-blá chegamos a uma conclusão: vamos olhar a fera primeiro. O nome que pintar vai ser.

Pelé — *Por que está demorando tanto o seu novo elepê?*

Elis Regina — Dico, minha fera querida. Estou em regime de concentração. Minha forma está crescendo dia a dia. Grandes testes, treinos e preparativos. Já, já, solto minhas doze feras. Ah, agora falando sério, nosso disco está começando a aparecer bem lá no México.

Marlene

Marlene — *Eu gostava muito mais de você naquele seu antigo estilo agressivo. Por que você mudou?*

Elis Regina — Só muda quem possui alternativas. Eu achei que estava na hora de mudar, e mudei. Aceito sua opinião e adoro ouvir e ver você — que não mudou nada. Agora uma ressalva: será que eu estou loura, de olhos azuis e cantando baladas?

Marlene — *Por que você se afastou de tudo e de todos?*

Elis Regina — Falando assim, até parece que você me conhece com toda intimidade. Que "tudo" e que "todos"? Diariamente, recebo meus amigos em casa e muitas vezes retribuo as visitas.

Osvaldo Sargentelli

Osvaldo Sargentelli — *Elis, positivamente, você é uma expressão da nossa música popular. Por que ainda liga para os bobalhões que tentam magoá-la?*

Elis Regina — E quem disse que ligo, meu bom sargento? Eles é que não me largam o pé. Eu tô sossegada no meu canto, abro o jornal e tá lá o troço. Às vezes, penso que só a polêmica interessa a certos caras. Aí, eu deixo os caras "monologarem um diálogo". Mas é assim mesmo, Sargento. Você já contou o número de caras do contra? João Gilberto é quem tinha razão, quando dizia: "Não adianta, eles são muitos..."

Osvaldo Sargentelli — *Possuíssemos uma dúzia de Elis Regina e estaríamos com a nossa "guerra" ganha. Na atual crise da nossa música, você não seria, talvez, a responsável pela invasão dos medíocres?*

Elis Regina — Com uma dúzia de Elis Reginas, você teria doze vezes mais fofocas. Nem pense nisso, Sargento. Que zoada!

José Fernandes

José Fernandes — *No Olympia de Paris você se apresentou num programa de variedades junto com mágicos, equilibristas, etc. Será que isso pode ser chamado de sucesso?*

Elis Regina — É hábito na França — no Olympia principalmente — o uso de mágicos, equilibristas, etc., antes e depois de cantores famosos. Na tevê brasileira, os números variados, quando não precedem, são colocados em lugar de cantores famosos. A única diferença é que no palco do Olympia só pisam sucessos: Sammy Davis, Marlene Dietrich, Ray Charles, Aznavour, Becáud e tantos outros. Todos eles toparam aparecer entre as variedades de que o senhor está falando.

José Fernandes — *A que você atribui o fato de tanta gente dizer que você é mau-caráter?*

Elis Regina — A gente como você. Perdão, a gente como o senhor. A gente a quem nunca dirigi sequer um cumprimento, e que tem a coragem e a impunidade de, em nome de "tanta gente", propor uma pergunta sobre o meu caráter.

Jair Rodrigues

Jair Rodrigues — *Elis, depois do seu sucesso (merecido) na tevê e em* shows, *me diz lá o que é melhor em termos de tutu: tevê ou* show *em teatro?*

Elis Regina — Que bom você achar que meu sucesso foi merecido, Jair! Agora, quanto ao tutu, depende. Há artistas que podem fazer esse tipo de investimento, porque o risco é muito pequeno. *Show* em teatro dá bilheteria e pouca chateação, além de ser uma experiência superior, porque é feito em circunstâncias muito mais artísticas. A gente se encontra com um público até então inatingido. Mas, naturalmente, nem todos têm a minha opinião...

Jair Rodrigues — *Você é a melhor sambista brasileira. E os melhores da tevê quais seriam?*

Elis Regina — Que bom você me achar a melhor, Jair! E, hoje em dia, prefiro não achar nada ou ninguém melhor. Antigamente, eu caía nesse tipo de provocação. Apontava uns oito ou dez, e os outros trezentos caíam com o refrão manjado: "Mau-caráter". Depois, eu descobri que pouca gente é segura o bastante para suportar uma crítica, uma análise desfavorável e continuar a mesma pessoa com a gente. Assim, meu escrete fica no bolso. Tá justificado?

Rita Lee

Rita Lee — *Elis, o que você acha de Yoko Ono?*

Elis Regina — Não manjo nada dela. Aliás, tinha me esquecido que vi aquele disco. Bem, então posso dizer que manjo tudo dela (*uma pausa*). De frente e de costas.

Rita Lee — *Você gostaria de experimentar, um dia, o estilo de Janis Joplin, mas em português?*

Elis Regina — Rita, no duro, no duro, acho a Joplin muito mais badalada que ouvida. Pelos menos aqui no Brasil.

Jece Valadão

Jece Valadão — *Maria Bethânia disse numa entrevista que você não transmite nada, cantando. O que você acha de Maria Bethânia?*

Elis Regina — Opinião dela, ora. Eu penso exatamente o contrário. Agora, sobre ela acho que é a pessoa que mais comunica (*deixa eu dizer em vez de transmite?*) quando canta. E quem não comunica se trumbica...

Jece Valadão — *Eu defendo a tese de que todo brasileiro é cafajeste. No bom sentido, é claro. Elis, você é casada com um brasileiro. Você se dá bem com um cafajeste?*

Elis Regina — Trocando isso tudo em miúdos, você está perguntando como vamos eu e o Ronaldo, não é? Olha, muito bem. Vem herdeiro por aí. Mais um cafajestezinho, meu caro Valadão...

(Fonte: *Revista Manchete*, 1970.)

Pedras no sapato

Elis Regina

"Sou principal e primordialmente uma pessoa que se fez à sua própria custa, que procurou o máximo possível agir de forma coerente com seus princípios, e que está permanentemente em busca de paz, tranqüilidade e de felicidade, que, eu acho, mereço afinal.

Sempre soube o que eu era, minhas limitações e possibilidades, mas temporariamente fiquei um pouco perdida; evidentemente a culpa não era só minha, mas consegui sair da casca em que estava enfiada e parti para minhas coisas, que, na realidade, são coisas simples. Gosto de ficar na minha casa, de conversar com as pessoas de quem eu gosto, de ver filmes, ouvir discos. De brincar com meu filho, passear com ele, levá-lo à escola, à praça, à praia. Não é difícil, não sou uma pessoa chegada a grandes rebuscamentos de comportamento, eu sou o que sou, da forma mais simples que se possa ser. Tive da vida uma porção de coisas boas e também muita luta, mas não me queixo, tudo foi válido, e até mesmo me ensinou a ficar com o pé atrás. Sou bronqueada pela própria natureza. Já nasci tendo de lutar com um cordão umbilical que estava me sufocando. A partir daí, tive muita briga; até para ter meu filho o negócio foi difícil. A maior parte das mulheres brinca de boneca com o primeiro filho. Eu, não; com apenas vinte e dois dias, ele estava entre a vida e a morte, e fui enfermeira, mais ou menos sozinha; eu estava muito sozinha naquela época. Como as coisas não foram muito fáceis para mim, do ponto de vista pessoal, não tenho porque não ser agressiva, ou melhor, não sou propriamente agressiva, mas sim uma pessoa que está sempre na defensiva com todo o mundo. No fundo, a gente é conseqüência daquilo que as pessoas e a vida fizeram conosco.

Depois de todas essas brigas, me sobraram algumas coisas, a que eu dou um valor sobre-humano, pois são realmente as melhores coisas que me aconteceram. De toda a água que passou por baixo da ponte, e nem sempre foi uma água muito límpida e muito pura, passou também algum lodo. Mas sobrou algo de bom. Eu não posso realmente me queixar, mas também não posso ser uma pessoa mansa, porque tive de brigar para ter essas poucas coisas boas. Um detalhe: só dou cacetada em quem me dá; quem não me feriu não tem queixa de mim, mas na hora de brigar pelos meus direitos, eu sou um Cassius Clay. Aí, eu morro, me trucido, me lanho, me lasco, mas vou até o fim.

Todas as pessoas com quem eu transo são importantes para mim. No momento em que se está convivendo com alguém, ensina-se e aprende-se alguma coisa, acho que todo e qualquer relacionamento perdura, enquanto existe esse intercâmbio. Quando deixam de ter coisas para dizer um ao outro, coisas para se entregar, tudo se enfraquece e as pessoas se afastam. Às vezes continuam se dando muito bem, mas afastadas, porque se não há nada para ser dito, as pessoas começam a se incomodar. Em geral, aqueles que passam horas e horas sentados à mesa de um bar, falando mal da vida dos outros, são as pessoas mais perniciosas que existem. Vivem à custa dos outros, pois, se outros não existissem, eles não teriam absolutamente nada. Eles não têm capacidade, ou talvez não tenham coragem, de ficar sozinhos consigo mesmos, se enriquecendo e se estruturando para conviver com o mundo. Daí, destilam veneno. Eu fujo dos desocupados e frustrados como o diabo foge da cruz.

Tenho um profundo respeito por meu filho. Ele é meigo, profundamente meigo, alegre, descontraído. Tenho inveja da facilidade que ele tem para resolver seus problemas, a facilidade com que ele enfrenta a vida, com que sobe e desce escada, o que para a idade dele, é uma coisa terrível.

A descontração de João Marcelo é incrível, eu gostaria de ser como ele. Não quero ser a supermãe, pois João Marcelo vai viver num tempo em que eu não viverei, já estarei gasta. Não vou fundir a "mufa" do meu filho com coisas que eu sei, que são velhas, antigas e apodrecidas. Vou deixar que ele descubra a vida sozinho, dando-lhe apenas noções de suas limitações. Mas numa coisa eu sou meio cadela com cria nova: façam qualquer coisa para mim, mas não levantem a voz contra meu filho. Se alguém se atrever a botar um grilo na cuca de João, pobrezinho! Vai ver uma Elis leoa. O leão pode ser muito bonito, com juba e tudo, mas fica na floresta tomando conta dos filhotes, e quem sai para brigar é a leoa. Se eu careta, sou fogo, imaginem eu leoa.

Até bem pouco tempo eu não sabia o que era o amor. Mas acho que gostar, sem vergonha de gostar, é a melhor coisa que pode acontecer ao ser humano. Quando a gente gosta, pode rolar na sarjeta pelo ser amado, sem nem tocar.

Gostar é a entrega total, sem medo. Eu não sou ciumenta, mas não admito ser passada para trás. Quando se sente a necessidade de outro alguém é porque aquele que está do lado não serve mais, não lhe está bastando, então, faz-se necessária a dignidade de se mandar. Numa hora dessas, enganar é inominável. Rancor, eu só guardo das pessoas que foram importantes para mim, estas me magoaram e são imperdoáveis. Tenho duas ou três pedrinhas no meu sapato, mas com o tempo tenho certeza de que vão acabar".

(Fonte: *Revista Manchete*, 1970.)

"Quero Apenas Cantar"

Silvio Lancellotti

Nada como um fim de semana sem empregada, na casa de uma cantora famosa. O filho, João Marcelo, quatro anos, se esforçava para malhar um enorme Judas que sobrevivera ao sábado de aleluia. O irmão, Rogério, fazia os últimos ajustes na perua Veraneio com que deveria viajar horas depois. O marido, César Camargo Mariano, interessado em estudar trilhas sonoras, ouvia absortamente um disco do compositor, arranjador e maestro Quincy Jones. E ela, pobre dona de casa, lavava panelas. Não havia muito barulho, mas o ambiente, decoração ainda incompleta, alguns quadros primitivos nas paredes, móveis metálicos bem distribuídos por uma vasta sala, discos empilhados no chão (destaque para um álbum incrível da cantora americana Rosemary Clooney), parecia saudavelmente desarrumado.

Cinco minutos depois, porém, quando a fita que Elis Regina e Antônio Carlos Jobim gravaram, há dois meses, nos Estados Unidos, começou a escorregar pelos aparatos niquelados de um faiscante gravador, uma espécie de coletiva concentração passou a dominar a casa, encravada num recanto especialmente pacato do bairro do Brooklyn, em São Paulo. "Sim, é residência própria. Eu a comprei porque decidi me instalar na Paulicéia Desvairada".

As panelas não são uma novidade na vida de Elis. Aos vinte e nove anos, ela faz questão de cuidar pessoalmente dos detalhes domésticos de sua casa — dizem certos amigos, até, que sua peixada é inesquecível. A residência paulista e o LP com Tom Jobim, todavia, representam os primeiros resultados práticos das mudanças que sua carreira começou a sofrer, há meio ano, quando resolveu mudar de empresário. O disco, aliás, também serve como marco de comemoração de seus dez anos de carreira. Nesta entrevista, Elis faz uma espécie de balanço desse tempo. Nervosa, às vezes, amargurada, noutras, ela, em todo caso foi absolutamente franca ao admitir certos erros do passado. Um sinal pessoal da maturidade que já havia ficado evidente quando o gravador começou a reproduzir os primeiros resultados de seu maravilhoso encontro com o maestro Jobim.

Não havia tempo para brincar

Veja — *Ao fim de dez anos de carreira, você conseguiu definir seu prestígio como uma das melhores cantoras do país. Paralelamente, porém, desenvolveu-se a lenda de que seu caráter não estaria entre os mais abonáveis. Verdade? Por quê?*

Elis Regina — Honestamente, não nego que tal lenda tenha se desenvolvido. Mas o fato tem suas explicações, suas justificativas. E hoje, eu, com certeza, não me envolveria nos mesmos problemas. Problemas, aliás, que atingiram todos os artistas que começaram a fazer música mais ou menos dez anos atrás. Apenas eu fui mais infeliz. As razões são duas. Primeiro, eu não possuía a mesma estrutura cultural de um Chico Buarque de Holanda (filho de um historiador) ou de um Gilberto Gil (administrador de empresas). Era somente uma gauchinha adolescente com um mero curso normal e poucas idéias na cabeça. Segundo, exatamente por minhas origens mais simples, eu não tinha tempo a perder. Não havia me transferido para São Paulo e Rio a fim de brincar.

Veja — *Mas o que significa brincar?*

Elis Regina — Cantar era, e continua sendo, vital para mim. Eu não compreendo a vida de outra maneira. Ao mesmo tempo, entretanto, precisava sobreviver. E tinha de me afirmar o mais depressa possível. Se Chico não alcançasse o justíssimo sucesso que obteve, sempre poderia ter continuado a praticar sua arquitetura. Gilberto Gil acabaria se tornando um respeitável executivo. E assim por diante. Quanto a mim, o que faria sem a música? Agora, ao lado de toda essa necessidade pessoal e profissional, eu decidi não me tornar, digamos, um funcionário público da música — que me desculpem pela comparação, os funcionários públicos. Queria criar, imaginar coisas diferentes, novas, inesperadas. Havia, no entanto, apenas uma porta para 70.000 pessoas. E os que não passaram não perdoaram meu sucesso.

Veja — *Essa explicação, baseada no lamentável pecado da inveja, não estaria um pouquinho gasta?*

Elis Regina — Mas é a verdade. Todos os que começaram há dez anos e hoje fazem sucesso, principiaram suas carreiras mais ou menos juntos, nos musicais da TV Record de São Paulo. Todos, atualmente, detestam fazer televisão — e só a aceitam em condições extraordinárias, como os especiais da TV Bandeirantes de São Paulo. A experiência de dez, oito, sete anos atrás não foi das mais inesquecíveis. No entanto, só eu arrastei comigo essa fama de, vá lá, mau-caráter. Por que, você pergunta? Veja bem: porque eu era, naquela época, a personagem central do programa de televisão *O Fino da Bossa*, que revelou toda essa gente que está aí.

Na noite do *13º Festival de Jazz de Montreux*, o *layout* era de Billie Holliday, 1979.

Dificuldade de relacionamento

Veja — *E daí?*

Elis Regina — Bem, aparecia muita gente nova (ou muito antiga) para fazer o *Fino*. Contudo, por mais extenso que ele fosse, não havia espaço para todos. E, em vez de assumirem a responsabilidade pelos cortes, os responsáveis pelo programa jogavam-na para cima de mim, dizendo que eu não gostava deste ou daquele, que preferia um terceiro. Ora, meu temperamento, de fato, sempre foi explosivo, difícil. Juntavam-se as duas coisas, o boato e a minha personalidade irritadiça, e pronto — nascia a fama. Nunca, porém, eu soube de algum colega que tenha se queixado de meu comportamento num palco, pois jamais derrubei alguém em cena — a própria televisão é testemunha. E, quanto ao meu temperamento, é problema meu, das quatro paredes dentro das quais eu vivo.

Veja — *Mas seu público tem direito de saber como você vive. Ou não?*

Elis Regina — Olhe, eu tenho muita dificuldade em me relacionar assim diretamente com as pessoas. E você certamente está percebendo isso. Na verdade, o meu negócio é me relacionar cantando. E sou uma cantora que dá tudo de si num palco ou num estúdio. Tudo. Quando estou cantando me esqueço da vida e do mundo. É isso que quero fazer, agora e sempre. E, porque dou tudo de mim num palco ou num estúdio, acho que tenho o direito de levar minha vida pessoal tranqüila e sossegadamente.

Veja — *Seria a televisão de dez anos atrás a culpada de tudo? Afinal, como você mesma disse, outros artistas que começaram há sete, oito anos — Chico, Caetano, Gilberto Gil ou Maria Bethânia — não parecem particularmente apaixonados pelo vídeo.*

Elis Regina — Obviamente, não se pode negar as intenções do pessoal da TV Record. A participação dessa emissora foi fundamental para a música brasileira. No entanto, a estrutura da televisão, no país, dez anos atrás, era absolutamente incipiente. Naquela época, por exemplo, não havia os Circuitos Universitários — hoje, em dois meses, você visita quarenta cidades e canta para mais de 100.000 pessoas. Naquela época, não se podia pensar em fazer um *show* de dois meses — como o que eu começo dia 2 em São Paulo. O artista era obrigado, por falta de mercado e de alternativa, a se dedicar exclusivamente à televisão. Eu não tinha tempo para conviver com os colegas que cantavam ao meu lado, e assim por diante. Era desumano. Faziam-se *shows* de várias horas, com cinqüenta ou mais artistas, em instalações precárias, sem camarins, banheiros — e até mesmo sem cadeiras. À vezes um determinado cantor ficava duas, três horas, de pé, esperando sua vez de entrar no palco. Enfim, a coisa fugia absolutamente do controle de cada um. O pior é que eu não tinha quem cuidasse de minha vida profissional como hoje. Meu empresário, Roberto de Oliveira, o mesmo dos Circuitos Universitários, resolve todos os meus problemas extra-artísticos. E isso sem entrar em atrito com ninguém. Ele sabe que eu quero apenas cantar. E me permite e me incentiva a fazer somente isso.

Veja — *Você disse que, quando começou, era apenas uma gauchinha adolescente com poucas idéias na cabeça. Até que ponto foi prejudicial o fato de Elis Regina ter-se atirado na vida artística sem o necessário preparo?*

Elis Regina — Bem, além do curso normal eu tive as minhas leituras. Os meus Jorge Amado, Graciliano Ramos, José Lins do Rego, Hemingway, Scott Fitzgerald. De vida, vida, porém, não tinha experiência nenhuma. E saí da casca do ovo diretamente para o palco da TV Record. Hoje em dia, felizmente para mim, já não há mais guerras.

Veja — *Já não há mais guerras por quê? As pessoas mudaram? Você mudou?*

Elis Regina — Em primeiro lugar, é lógico, todos estamos dez anos mais velhos. Nossos objetivos primordiais já foram atingidos. Eu, por exemplo, consegui, como você mesmo disse, meu prestígio como cantora. Os outros vinte, trinta, cinqüenta artistas, que começaram ao mesmo tempo, igualmente estão com sua carreira consolidada. Assim, não há mais motivo para a existência, entre nós, dos forjadores de fofocas. Eu gostaria de não ter sofrido os problemas. Mas hoje acho que talvez tudo isso tenha sido muito importante. Tenho consciência suficiente, agora, para não me deixar levar. E tenho um empresário capaz de evitar que eu escorregue.

Veja — *Bem, é evidente que o peso de todas essa atribuições passadas ainda impõe suas conseqüências. Seria, digamos, para voltar há dez anos, com o amadurecimento de agora, que você decidiu comemorar a data gravando um LP rememorativo com Tom Jobim?*

Elis Regina — Nós todos, aqueles cinqüenta que iniciaram suas carreiras no *Fino*, somos conseqüências da coragem e da criatividade de Antônio Carlos Jobim. Esse homem compôs músicas que, mesmo passados dez anos, continuam transparecendo uma incrível força imaginativa. Eu tinha de fazer um disco para comemorar a data. No entanto, não achei que devesse, simplesmente, produzir uma retrospectiva de minha carreira. Dez anos, afinal, é um espaço de tempo muito curto. Além disso, meu repertório obviamente mudou. E eu não canto mais como fazia na época do *Arrastão* ou do *Menino das Laranjas*. O público que me acompanhava em 1964, 1965, certamente se frustraria com minha maneira atual de interpretar velhos sucessos. Roberto de Oliveira, então, sugeriu-me que pensasse num LP com Tom. Achei a idéia incrível. Em primeiro lugar, porque o Tom é capaz de resumir, na sua obra, praticamente toda a história da música brasileira dos últimos tempos. E eu poderia me apoiar nessa obra para contar a história dos meus dez anos de carreira.

Para o encontro, as frases preparadas

Veja — *O Tom aceitou a idéia imediatamente?*

Elis Regina — Os detalhes do encontro são de fato muito engraçados. Eu estava apavorada. Tom Jobim foi um dos meus mitos quando eu estava com treze, catorze anos. Eu não tinha idéia sobre como poderia trabalhar com ele. Além disso, logo depois que a gravadora Phonogram me comunicou que o disco sairia, que o Tom havia topado, etc, etc., começaram os cochichos: o Tom é um sujeito difícil, é um sujeito temperamental, tome cuidado e assim por diante. Com certeza, havia gente cochichando no ouvido dele exatamente as mesmas coisas. Enfim, quando viajei para Los Angeles (*o LP foi gravado lá*), independentemente de letras e músicas, levei decoradas infinitas recomendações sobre como me relacionar com tão complicado senhor. Repito, estava apavorada. Ao chegar ao aeroporto, a primeira surpresa: o senhor Antônio Carlos Jobim lá estava, não apenas me esperando, mas me acenando efusivamente.

Veja — *Você se sentiu aliviada?*

Elis Regina — Perplexa. Eu tinha levado até mesmo frases inteiras preparadas para o encontro: "Olha, Tom, eu queria que você entendesse. Eu gosto muito de suas músicas. Não vim para Los Angeles com a intenção de atrapalhar sua vida, muito pelo contrário". Pois saiba que o Tom havia feito exatamente a mesma coisa. Uma hora depois de minha chegada, timidamente, mostrei a ele a lista das músicas que desejava cantar — eram 15. E todas elas constavam de uma outra lista, de 25, que o próprio Tom havia preparado. No dia seguinte, bem cedinho, ele me telefonou perguntando se es-

"Conheço todo mundo e não conheço ninguém, todo mundo me conhece e ninguém sabe como sou."

tava tudo bem. E eu confessei que não dormira. O Tom riu e disse: "Eu também". E veja só, admitiu que estava bastante nervoso com relação ao disco. Empatávamos. Ótimo, pensei. Tom Jobim não era, como me haviam dito, maldosamente, o tal senhor difícil, protegido por uma redoma de vidro, sentado no alto de sua criatividade, que iria, por muito favor, fazer a concessão de gravar um disco com uma jovenzinha conhecida por sua personalidade irrequieta. Ele, até mesmo, fez um arranjo para o disco — depois de quase cinco anos apenas compondo. Era sempre o primeiro a chegar e o último a sair do estúdio. Tomava os seus calmantezinhos. Mas não me deixou tomar nenhum, eu que estava zilhões de vezes mais atrapalhada. "Você canta melhor quando está tensa", dizia.

Veja — *Fora Tom Jobim não haveria outros compositores capazes de fornecer colaborações para seu disco?*

Elis Regina — Veja bem, para não fazer retrospectiva convencional, eu só tinha duas saídas. Apoiar o LP na obra de um compositor como o Tom, pois Chico, Caetano, Gil e Edu Lobo, por exemplo, começaram comigo. Ou tentar fazer um trabalho baseado em gente nova. Lamentavelmente, porém, por uma série de razões, algumas delas muito conhecidas, nos últimos anos um imenso vazio vem sufocando a música brasileira. A partir dessa triste constatação, estou procurando coisas antigas que possam ser apresentadas, com arranjos de agora, como se fossem atuais ou mesmo inéditas. Redescobrindo Ari Barroso, por exemplo. Não se trata de nostalgia. Há músicas que duram séculos e não são superadas.

Eliscóptero com dor nos braços

Veja — *Houve alguma coisa, nestes dez anos de carreira, que você se arrependa de ter feito?*

Elis Regina — Houve, e me arrependi muito. Aconteceu com o Chico Buarque de Holanda. Conheci o Chico por um colega de faculdade; ele estudava arquitetura na Universidade de São Paulo. E esse amigo, um belo dia, levou o Chico à minha casa, para que ele me mostrasse suas composições, dentre as quais eu escolheria algumas para gravar. Três horas da tarde, uma terça-feira, o Chico se sentou no sofá da minha sala e começou a cantar. Ficou lá por mais de uma hora, eu gravando tudo. Mas não disse uma única palavra. Até hoje ele é meio caladão. Naquela época, porém, simplesmente não abria a boca. Eu ouvi, gostei, mas estava sentindo um mal-estar incrível. Dias depois, procurei o amigo do Chico e comentei o que tinha acontecido. Disse que, certamente, o Chico não tinha ido com a minha cara, que apenas fora até minha casa por ser um moço bem-educado, etc, etc. "Mas ele é assim", me garantiu o amigo. "Não fala mesmo, é tímido." E eu, muito burra, não acreditei. Dois meses depois, a Nara Leão estava lançando todas as músicas que o Chico me havia mostrado. Ela, realmente, não deu ouvidos aos silêncios do Chico, à sua aparente casmurrice. Mandou bala e eu perdi a canoa.

Veja — *Houve algum momento em que você, consciente de erros cometidos, tivesse decidido, ou pelo menos pensado, em alterar o rumo de sua carreira?*

Elis Regina — Olhe, sempre fui muito preguiçosa, muito

acomodada. Na verdade, preciso de alguém capaz de me ajudar a resolver um certo tipo de problema. Hoje, tenho um empresário.que se preocupa com o corte do meu cabelo, com a roupa que devo vestir, com os gestos que devo fazer e assim por diante. Isso me poupa muito tempo e muitas preocupações. Em todo caso, não sei se cinco ou seis anos atrás eu tinha maturidade suficiente para entregar essas responsabilidades a alguém. Acho que tudo aconteceu no tempo certo. Eu cometi erros, mas aprendi a evitá-los. E descobri, como já disse, que o meu negócio é cantar, e não ficar batendo papo por aí.

Veja — *Você quer dizer que hoje já encontra tempo e condições para encher a cabeça das idéias que não tinha há dez anos?*

Elis Regina — De fato, eu quero aprender algumas coisas. Expressão corporal, por exemplo. Quando comecei a carreira, você se lembra, mexia tanto os braços que logo ganhei o apelido de "Eliscóptero". Depois, passei a receber tantas críticas pelo meu, digamos, exagero, de movimentação, que praticamente amarrei as mãos na cintura. Cantava tão dura, tão rígida, que um *show* era uma verdadeira angústia. Ficava com dores terríveis nos músculos dos braços e das costas. Hoje em dia já estou me portando mais ponderadamente. Mas acho muito importante aprender a me postar de modo realmente estético. Em todo caso, acredito muito no meu instinto. E não quero inibi-lo. Não há dúvida de que aperfeiçoei minha técnica vocal, de que desenvolvi minha dicção. Ao mesmo tempo, porém, não desejo cercear o que tenho de natural — exatamente o que fez de mim uma cantora.

Veja — *Qual a importância, na sua carreira, do seu relacionamento profissional com o pianista e arranjador César Camargo Mariano?*

Elis Regina — Não se trata, apenas, do César, mas de todo o conjunto que há três anos trabalha comigo. Pela primeira vez, em minha carreira, estou trabalhando realmente em equipe. E, nessa equipe, de indiscutível competência, todos contribuíram, com sua parcela, para o nascimento de uma cabeça comum. É um grupo superunido, em que todos têm direito a opinião mas ninguém compete com ninguém. Por exemplo (*rindo*): eu não me meto a tocar piano, e o César não ousa cantar na minha presença.

Agora, cantar para os estudantes

Veja — *Você não sente falta de um aprendizado musical mais profundo?*

Elis Regina — Sinto, é claro. Mais que isso, no entanto, eu sinto falta de outro tipo de informações. Gostaria de ver certos filmes que, infelizmente, não chegaram ao Brasil. Gostaria de cantar músicas que, por várias razões, não constam de meu repertório. Como algumas do Milton Nascimento, que não tem letra.

Veja — *E quais seriam, agora, os planos dessa amadurecida Elis Regina?*

Elis Regina — Em primeiro lugar, eu quero, e vou fazer agora, um *show* em teatro. Aliás, em vez de *show* eu prefiro a palavra recital. Ou concerto. Sentam-se vários músicos num palco, o público se acomoda na platéia — e eu começo a cantar, apenas cantar. Nada de filosofia. Se eu tenho alguma mensagem a transmitir, isso deve acontecer naturalmente, pelo meu repertório. Pretendo continuar apresentando músicas de compositores mais novos, como João Bosco. E fundamentalmente quero mostrar meu trabalho para estudantes. O Circuito Universitário é o fato mais importante na história da música popular brasileira dos anos de 1970. Você tem chance de se apresentar nos lugares mais distantes, para um público jovem, sempre caloroso, atento, interessado, informado. Para o artista brasileiro, hoje, não há melhor fertilizante que o público das faculdades.

(Fonte: *Revista Veja* - 1/maio/1974.)

Elis deitando e rolando

Em entrevista a Roberto Trigueirinho, uma Elis Regina calma, quando muito roendo unhas constantemente, foi provocada a definir o talvez já muitas vezes definido, embora nem sempre com a franqueza e quase agressividade que a caracteriza. Suas vinte definições estão transcritas abaixo:

"Proibido sorrir" — (*risadas*). Você fala daquela crítica carioca que disse que meu *show* era um atentado ao bom humor, não é? Ela deve morar na Vieira Souto, em Ipanema, numa cobertura. Vai ver, de frente para o mar. Por isso quer sorrir tanto.

O novo — O novo! Querem tanto o novo. Mas que culpa eu tenho se nada de novo acontece neste país há quarenta anos? O Tom já disse: de novo mesmo, nesse tempo todo, só o Hollywood com filtro. Mais nada.

A Philips, sua gravadora — Quem gosta mesmo de mim na Philips é a rainha da Holanda. E olha que de Elis Regina o máximo que ela pode saber é que se trata de uma baixinha dos trópicos, que contribuiu com alguns brilhantes para sua última tiara.

A Continental, outra gravadora — Disseram que em março eu vou trocar a Philips pela Continental? Ué, não é pela Warner? Imagine, vê lá se vou deixar rabo de porco para pegar cabeça de bagre!

Planificação — Ano que vem quero programar as coisas. Uns meses de Brasil, outros de Europa, mais um pouquinho de Estados Unidos, um bom tanto de América Latina.

Exterior — Por que exterior? Pergunte ao Gil por quê. Não dá mais, filho. O pessoal anda cobrando demais. Tem hora em que penso que eles precisam fazer antropofagia comigo e com todo mundo que cria alguma coisa para também se sentirem gente.

Crítica (1) — Ué, mas existe crítica de espetáculo aqui?

Esquerda — Não existe nada mais reacionário do que esta que se diz esquerda e se ufana disso por aí.

Patrulhas ideológicas — (*risadas*). O Cacá Diegues, não é? Mas é preciso dizer: essas patrulhas vêm de todos os lados, um inferno!

Francineide — É o nome da minha empregada. Pode? O pior é que, não acertando o nome, dei de chamá-la de Francelina. Já pensou uma Francelina risonha, dentro de casa?

Espiritismo — Não quero tocar no assunto. Por favor, me respeite e não publique uma linha sobre isso. É coisa minha muito séria. E é irresponsável todo aquele que publicou ou publicar qualquer coisa a respeito sem minha autorização. E sem saber do que está falando.

Direitos dos músicos —Presido a ASSIM, uma entidade que vai brigar pelo direito dos músicos. Há muito dinheiro envolvido nisso. Dinheiro que está parado, que precisa vir às mãos de quem tem direito: os músicos.

Intérpretes — Também somos espoliados. Eu e a Clara

Nunes somos duas das que já fechamos com a ASSIM. Aguardamos as outras. E os outros.

Criadores — Verdade seja dita: nossa última geração musical de criadores foi a de 1964, 1965. Aldir? Mas ele já trabalhava nessa época. Milton também.

Alienado — Quem, o *Transversal do Tempo*? Alienado? Fora da realidade de hoje? Estão dizendo isso, é? Agora pergunto: fora de realidade? Daquela do Rio Zona Sul, a de São Paulo dos Jardins e Morumbi? Mas essa mesmo não tem nada a ver.

Meu teatro — Não dá, não tenho dinheiro para montar "meu" teatro. Estou esperando o Fernando Peixoto chegar da Europa, quero me juntar a ele, a quem mais se interessar e tiver as mesmas idéias e intenções da gente. Vamos então ter nossa sala.

União — Se não nos juntarmos todos não vai dar. É preciso acabar com todas as máfias — a dos direitos autorais, a das salas de teatro industrializado, a das gravadoras, todas. E de que jeito senão começarmos desde já a ajudar uns aos outros? Se tenho sala e aquele precisa, cedo. Amanhã vou precisar de coisa semelhante e aquele me ajuda. Só assim.

Crítica (2) — Depois que o Aldir brinca com eles, os críticos ficam bravos. Mas, gente, eu crio e eles vivem de falar do que crio. Por que destruir? Não dá para chegar numa boa, tentar conversar?

1968 — Chamam meu *show* de velho, de atado a 1968? Que descoberta! Pergunto a eles: as coisas mudaram tanto, mesmo, de lá para cá, que possa me desatar de 1968? O *Transversal do Tempo*, como transversal do tempo, inclusive se propõe a isso: ser jornalístico, destinado justamente a refrescar memórias entorpecidas.

Mais crítica — Só porque você está me perguntando, vou falando: o que me enche mesmo é dar duro para criar um espetáculo, gastar os tufos, rogar ao Altíssimo para que esse espetáculo entre e saia inteiro de certas mesas de Brasília e São Paulo, me maquilar, me vestir, atuar uma sessão inteira só para que me digam se aquilo pode ser visto por público para, depois, ouvir de dois ou três críticos que aquilo não serve, é velho, é isso ou aquilo. Repito: eu crio e eles falam do que crio. Comodíssima posição. Agora, não me peçam uma troca de posições — faz anos que optei pela incomodidade.

(Fonte: *City News* - 15/10/1978.)

Elis, a equilibrista

Entrevista ao *Folhetim*

Folhetim — *Durante muito tempo você se recusava a fazer o* Fantástico, *a fazer apresentações em televisão do esquema da Globo. O que é que aconteceu agora? Mudou a Elis, mudou o* Fantástico, *mudou a Globo, o que é que mudou?*

Elis Regina — Bom, mudou uma porção de coisas, principalmente a Elis mudou de gravadora. Quando eles me propuseram fazer uma série de coisas em televisão, perceberam que fiquei meio arredia. Não estava muito a fim de transar, não fiquei apaixonada pela idéia. Aí, eles me perguntaram "por quê?" Respondi que tinha sido uma certa atitude adotada por nós todos, fazer o possível e o impossível pra não fortalecer essa condição da Globo, de ser a única em que todo mundo vai. Era pra gente procurar fazer outro tipo de televisão, outros canais de televisão, como uma alternativa.

Porque a figura da Globo é uma figura muito forte, onipresente, onipotente. Aí pintou a pergunta assim: mas quem são os que não estão fazendo? E foi exatamente nessa hora em que me dei conta de que estava todo mundo fazendo, só a Elis não fazia. Quer dizer, até um determinado momento, seguia-se um certo tipo de linha e de repente esse negócio foi sendo rompido. E está todo mundo realmente fazendo a Globo e, quem não está ao vivo, está por meio de suas músicas, inseridas nas novela da Globo, entende? E eu acho que a melhor maneira de a gente brigar contra uma série de coisas é ficar próximo ao acontecimento das coisas. Quer dizer, quanto mais gente com a consciência até dessa onipotência ou dessa prepotência da TV Globo estiver lá dentro, mais fácil será — quer dizer, não a curto não a outro nem a médio prazo, mas a longo prazo — eles voltarem a conversar com os artistas e darem a eles o peso e a medida que, na realidade, eles têm. Porque, de uma época em diante, a única coisa importante que havia era a TV Globo. A TV Globo era a grande artista da TV Globo. Eles fizeram questão de acabar com a valorização da mão-de-obra — um negócio muito cômodo para eles —, ficando todo mundo num nível só. Eles mantêm uma série de grandes estrelas contratadas, ainda que elas não estejam se apresentando em televisão, simplesmente para não irem embora e fica assim, como está. Eu acho que é assim que a gente vai poder acabar com um certo bloqueio que existe contra a música brasileira. E ainda que, neste exato momento, a TV Globo esteja fazendo uma série de programas a respeito de música brasileira, pra mim parece ser só decorrência da personagem Ana Preta, do *Pai Herói,* como discoteca em decorrência da personagem Julia do *Dancing Days,* entende? Quer dizer, é sempre uma questão de modismo, e se a gente fica muito cheio de escrúpulos, muito cheio de nheco nheco, numa atitude de "Não me misturo", vai, cada dia que passa, ficando pior. Pois, objetivamente, qual é o mercado de trabalho que nós temos?

Folhetim — *Fora o disco...*

Elis Regina — Fora o disco, que é o que toca na rádio e que não nos rende nada ou rende uma coisa ridícula como, assim, quinze mil cruzeiros por mês, depois de quinze anos de profissão, tocando em todo território nacional.

Folhetim — *Quanto você recebe por mês de...*

Elis Regina — Eu recebia, até o ano passado, um milhão e meio.

Folhetim — *Um milhão e meio?*

Elis Regina — Por vinte discos. A cada dois meses eu recebia pela execução dos meus discos em todo o território nacional, nas mil possibilidades de execução, mil e quinhentos cruzeiros. A Clara Nunes recebia mil.

Folhetim — *Você disse mil e quinhentos cruzeiros?*

Elis Regina — Mil e quinhentos, menos que um salário mínimo.

Folhetim — *Por mês?*

Elis Regina — Não, por mês não. Por trimestre (*risos*). É, por trimestre. Quer dizer, agora, depois do surgimento do Ecade, depois de uma série de gritarias, uma série de confusões que a Sombrás e a gente foi arrumando, a partir dessa chiação toda, comecei a receber dezoito mil cruzeiros por vinte discos.

Folhetim — *Dezoito mil por trimestre?*

Elis Regina — Por trimestre; quer dizer, seis mil cruzeiros por mês. Dá pra viver um vidão, né, coração?...

Folhetim — *Bom, mas já é maravilha diante do...*

Elis Regina — Diante do quadro anterior, que era quinhentos mangos. Aí, tirando esse negócio de tocar discos, a gente tem teatro pra fazer, que você sabe muito bem que está uma barra.

Folhetim — *Acaba caindo na televisão Globo.*

Elis Regina — Acaba. Nesse ano está tudo em pique de loucura: preço de passagem de avião, preço de hospedagem e, quando você viaja, a passagem, a hospedagem, verba de alimentação, salário, transporte de equipamento, porcentual de teatro, porcentual de Ecade, porcentual de Sbat, aí começam os porcentuais todos. Eu acho que este ano vai ser muito difícil transar, se não tiver patrocínio segurando a barra. Ano passado já deu pra empatar.

Folhetim — *Este ano, como é que estão as coisas?*

Elis Regina — Bom, está assim: eu fiz um disco, estou fazendo o lançamento de um compacto que foi tirado desse disco, com o *Bêbado e a Equilibrista*, vulgo Hino da Anistia, e do outro lado, *As Aparências Enganam*. O disco deve sair entre 25 de junho e 1º de julho. Eu, nessa época, já estarei ensaiando um repertório novo, pra apresentação no Festival de Montreaux, na Noite Brasileira, com Hermeto Pascoal e Egberto Gismonti. Essa apresentação vai ser feita no dia 19 de julho — daí, sai um novo disco. No dia 25 de julho, eu faço a Noite Brasileira do Festival Interrnacional de Tóquio. Da Suíça, passamos por Moscou — quer dizer, escalamos, porque eu não vou nem sair do avião, todo mundo pode ficar "relex", não salto, vejo a pista e se ela é igual às demais, e aí a gente vai pro Japão. Depois do Japão, eu volto pra cá, devo fazer alguma coisa de televisão, mas eu vou fazer um giro pela Argentina, pra fazer um negócio que estão me pedindo já há algum tempo, mas, principalmente, ver se agito o lance do Tenório Júnior, com o pessoal de lá que sabe onde ele está.

Folhetim — *Tem novidades do Tenório?*

Elis Regina — O Tenório, até dois anos atrás, estava vivo numa prisão em La Plata.

Folhetim — *Essa é a informação mais recente que você tem?*

Elis Regina — Essa é a informação mais recente que eu tenho, que passei pro pessoal, porque quem me deu essa informação foi um compositor de lá, que foi visitar alguém detido por algum motivo, em La Plata, e viu o Tenório.

Folhetim — *Mas as notícias da OAB do Itamaraty...*

Elis Regina — Não, não se pode fazer nada. Por um simples motivo: o Idibal Piveta precisa de uma procuração da família do Tenório, ou da mulher ou dos pais, e a gente não consegue arranjar. A mulher prometeu mandar, não mandou. Eu estive com o pai dele, há três semanas, numa conversa longuíssima, mas ele insiste que a procuração deve ser dada pela mulher. Agora, eu acho que não dá pra esperar muito mais.

Folhetim — *Você acha que se fez muito silêncio na história do Tenório?*

Elis Regina — É, pintou aquela especulação normal. Até o dia que esse menino foi pra minha casa e falou: eu vi o Tenório. Aí eu comecei a detonar tudo, né? Inclusive com a ajuda de Roberto Menescal, peguei o telefone da mulher dele. Ronaldo Bastos, mais uma pá de gente metida e até agora não se conseguiu nada, a não ser dedicar espetáculo à presença de algum amigo e à ausência do Tenório Júnior.

Folhetim — *O que é muito pouco.*

Elis Regina — Na realidade, é. Mas há uma esperança ainda. De repente, vai alguém lá, leva um papo com os caras, consegue chegar até perto, fala: olha, o lance é outro, nenhuma periculosidade, e um músico sumiu. Parece que ele saiu pra passear em Buenos Aires na semana do famoso "pente fino", antes da queda de Isabelita em 1975, e esqueceu os documentos no hotel e sambou. Nunca mais ninguém viu. O Vinícius tentou tudo. O rapaz da embaixada era até genro do Vinícius. Eles tentaram tudo o que foi possível. Agora, a gente esbarra no: "mas o que é que a senhora é dele?" Eu sou amiga. Ah, não adianta, a família mesmo é que tem de ajudar. O governo brasileiro também.

Folhetim — *Como é que foi o seu encontro com o Lula?*

Elis Regina — Bom, ele primeiro falou uns três palavrões daqueles maravilhosos, que você fica logo super à vontade. Depois, ele ficou brincando de ver — pega no braço — se existe mesmo ou é figurinha de televisão e ficou me sacaneando bom tempo. Eu fiquei morrendo de vergonha e conversei muito pouco com ele. Ele estava muito eufórico com a presença das pessoas lá. Ele estava contente.

Folhetim — *A imagem que você tinha dele bateu com a realidade?*

Elis Regina — Eu acho que ficou uma coisa mais forte. Ele é uma pessoa baixinha, troncudinha, fala olhando dentro dos olhos, tem uma cara ótima. Mas aquele cara deve saber tudo. Perguntei pra ele: é você, rapaz, que está aprontando tudo isso? Ele falou: eu, aprontando? Imagina, sou apenas um trabalhador. Você não tem tamanho pra falar desse jeito não, hein, rapaz? Você é muito pequenininho. Aí ele ficou brincando um tempão. É que o clima estava meio de festa mesmo. Deu pra conversar pouco, ele deixou o telefone pra gente ligar pra ele, que gostaria muito de ir à minha casa pra gente conversar, saber uns lances da profissão da gente. Pra ficar melhor informado.

Folhetim — *Mas como é que fica essa transa do artista com o operário?*

Elis Regina — Você acha que tem muita diferença? (*risos*)

Folhetim — *Não é um negócio mais de moda, não virou modismo estar do lado deles?*

Elis Regina — Eu não sei se é moda. Quando acontecem esses *shows*, surgem quatro tipos de adesão: as pessoas que vão porque acham que é isso mesmo, que tem mais é que ir. Tem o pessoal que vai, com medo de dizer não, e ficar ruço; tem nego que vai numa de aparecer, porque é uma oportunidade boa pra aparecer; e tem o pessoal que pinta porque é festa.

Folhetim — *Por que você, agora, grava na WEA?*

Elis Regina — Sabe, eu acho que esse lance aí é o seguinte: não tem gravadora brasileira, sabe? Eu preciso vender meu peixe, eu vivo disso. O dia que tiver uma gravadora brasileira "periga" todo mundo ir pra lá, mas ela não pintou ainda.

Folhetim — *E aquele projeto do Chico, a compra de uma gravadora?*

Elis Regina — Bom, o Chico tem um projeto, mas ele continua na Polygram, né? (*risos*). Quando ele sair, eu até vou pra gravadora dele.

Folhetim — *Semana retrasada o Tárik de Souza avisou, pelo* Folhetim, *sobre um encontro de compositores independentes, no Paraná, liderados pelo Antônio Adolfo. O pessoal que está gravando discos de fundo de quintal. Como é que você vê esse projeto?*

Elis Regina — Bom, no momento em que pintou, ninguém acreditava. O Adolfo está partindo pro terceiro disco, e faz dois anos que não tenho tido chance de conversar com ele. Então, eu não sei exatamente em que pé estão essas coisas. Eu sei que o Adolfo fez, que o Danilo Caymmi fez. Me parece que tem mais uns dois ou três músicos no projeto. Eu acho que isso tudo é embrião de uma coisa nova. Se tentou fazer esse negócio de esperar pra ver que bicho ia dar com a gravadora Mocambo. Agora, onde estão as pessoas que são os líderes da Mocambo? O Paulinho da Viola não saiu da

Odeon, o Chico não saiu da Polygram, o MPB-4 não saiu da Polygram, quer dizer, como é que você vai endossar um empreendimento em que os próprios empreendedores não estão colocados dentro dele?

Folhetim — *No Brasil 79 qual é a do artista?*

Elis Regina — Olha, eu estou querendo pegar o maior número de compositores desconhecidos pra gravar, pra arejar um pouco. Está ruço. Está todo mundo contando as mesmas histórias, está um circo de elefantinho, todo mundo gravando as mesmas músicas ou uma mesma linha de composição, porque é tudo feito pelo mesmo compositor. Um pouco esse desinteresse de parte do público talvez seja por causa disso. Quando você pega uma remessa de discos de fulano, beltrano, sicrano, por exemplo, vamos falar das mulheres, pega Simone, Bethânia, Elis, Gal, você sabe que, basicamente, o repertório é o mesmo. E que são sempre os mesmos seis caras, compondo há quinze anos. Eu quero furar esse bloqueio.

Folhetim — *E você acha que tem gente boa e nova por aí?*

Elis Regina — Tem. Tem alguns que não tiveram possibilidade de ser ouvidos, ter o trabalho debatido, criticado. Por quê? Porque tinha o festival de antigamente, nos quais a rapaziada nova pintava com força. Televisão estava aberta, o rádio estava aberto, o jornal estava debatendo, o nego se sentia impulsionado em direção a alguma coisa. O Festival sumiu. Aparecer num programa de televisão? Esquece. Porque o espaço está caro e a gente vai botar quem está em primeiro lugar na parada, quem está tocando mais no rádio. Gravar disco? Pô, ao preço que está o vinil? Vamos investir, mas rapidinho pra voltar. Como em todas as áreas, malandro. Tu acha que se o *Folhetim* não tivesse vendendo jornal, tu estava escrevendo no *Folhetim*, ainda? (*risos*). Sabe? Tu não estava escrevendo. Pra começar, você cria muito caso com censura, muito corte, muita confusão, fecha o *Folhetim*, que está dando muita treta. É isso aí, bicho. Em qualquer área está assim. Me dá o meu. Essa é a filosofia reinante. Clima de últimos dias de Pompéia. Eu não sei o que está pra acontecer, porque está todo mundo na caça ao dinheiro, com uma força que eu fico com medo. Agora, a moçada que compõe está num gueto. Quer dizer, não tem acesso a nós. Por quê? Porque se eu não estou no Recife, estou em Porto Alegre, estou rodando a minha bolsa em várias praças, né? Assim também é com os demais. Segundo grande problema: os compositores, com justa causa, diga-se de passagem, são todos intérpretes, hoje em dia. Não tem espaço pra intérprete novo.

Folhetim — *Mesmo porque, como compositor, eles morreriam de fome.*

Elis Regina — Morreriam de fome. Eu falei com justa causa.

Folhetim — *É, mas deveria deixar claro que essa "justa causa" é a fome.*

Elis Regina — Não recebe direito autoral. Agora mesmo a Sueli Costa está passando pelo vexame de receber do Ecade Cr$ 1.673,00 de arrecadação de um ano de execução de músicas dela em todo o território nacional. Quer dizer, a Sueli Costa vai passar pires na praia pra viver e sustentar o filho dela? Estou juntando xerocópias de todas as arrecadações de *Transversal do Tempo*, que eu fiz com músicas de Sueli, pra ela poder chegar na Ecade e dizer assim: Olha, pelo menos a Elis Regina e a Simone pagaram. Está aqui a papelada, olha. Aí, ela vai receber ou não. Quem sabe?

Folhetim — *Elis, quando é que começou tua abertura maior de visão, de simplesmente cantora a algo mais que uma simples cantora?*

Elis Regina — Eu acho que eu "pintei no pedaço" muito jovem, dezenove anos e não sabendo nada da vida. Vinda de uma camada pobre da população. Quer dizer, o alegro desbum realmente se estabeleceu na minha cabeça a partir do negócio do *Arrastão*. Eu fiquei famosa, saía na rua, todo mundo parava e pedia autógrafo. Eu entrava na loja, comprava um negócio, o nego não deixava pagar. Fiquei com crise de supermulher. Mulher-Maravilha, durante algum tempo. Eu rodopiava, falava Shazan e estava tudo certo. Quer dizer, não precisava nem rodopiar. Eu cantava e o mundo desabava.

Folhetim — *Rodopiava os braços naquele tempo.*

Elis Regina — É, rodopiava os braços. Eu não passei um período grande de ficar tentando. Desnorteou a minha cabeça, né. Depois, a barra começou a pesar. Você descobre que existe contrato, que é como um outro qualquer, que tem cláusula que tem de ser lida, porque se você não ler, dança. Que o empresário nunca é um cidadão acima de qualquer suspeita. Esses baratos todos foram me dando uma visão do lado profissional, que é igual a você, ao arquiteto, ao médico. A partir daí, eu comecei a encarar esse negócio de cantar como uma profissão mesmo.

Folhetim — *Você "explodiu" em 1964, com o país mudando de dono. Como é que estava a tua cabeça em 1964, com relação ao que estava fora. Você não percebia o que acontecia?*

Elis Regina — Percebia, mas eu não tinha as informações todas. Percebia na hora que um companheiro ia cantar uma música e aí já não podia mais. Um aviso que eu recebia de que certas músicas não podiam mais ser cantadas. Mas eu tomei um susto em 1968, quando tudo ainda parecia "coincidência". Acabou *O Fino da Bossa*, e não foi um negócio isolado destruir uma trincheira de defesa da música brasileira, com expoentes de linguagem como Edu Lobo, Geraldo Vandré, Sérgio Ricardo. Mas ficou a jovem guarda, Hebe Camargo, sabe? Então, passados os anos, você começa a ver que tudo tinha uma razão de ser.

Folhetim — *Isso em 1968?*

Elis Regina — É. Aí pinta muita guitarra no samba, é a chegada da ordem de fora mesmo. Vamos faturar porque isso é um negócio como outro qualquer. Quer dizer, o romantismo da gente foi pro brejo. Dane-se que você goste de samba, vai começar a gostar de samba com guitarra agora. Começa a massificação. Toca de manhã no rádio, de tarde, de madrugada. Daqui a pouco está todo mundo achando ótimo. Esse negócio pegou um monte de caras, nego que foi embora, nego que resolveu estudar fora, aqueles lances todos. Aí você começa a saber as causas e, como está mais sozinho, tem de procurar gente de outras áreas pra conversar e já fica sabendo de outras coisas. O panorama se arma, você saca o lance e não dá mais pra fugir. Quer dizer, tem gente que consegue fugir e até inventa um discurso diferente pra desdizer o anterior. Mas, se eu não tinha muros, minha cabeça foi feita e está aqui.

Folhetim — *Há muita diferença entre gravar um disco na WEA e na sua antiga gravadora?*

Elis Regina — Claro. A WEA, por incrível que pareça, é democrática. É assim: o que é que você quer fazer? Como é que você gostaria de fazer? Pelo seguinte: você é o artista e nós lidamos com artista. Artista de cinema, artista de televisão e artista de disco. Você faz o que quiser porque a gente tem um departamento especializado em divulgar e vender a sua idéia, a gente está comprando a sua idéia. É bem diferente você ter um departamento de divulgação e um departamento de vendas a serviço do departamento artístico. Em outras gravadoras, os departamentos artísticos e de divulgação estão a serviço do departamento de vendas.

Folhetim — *Só pra constar da entrevista: já foi resolvido o problema do LP lançado pela Polygram com músicas de testes de gravações?*

Elis Regina — Olha, eu recebi dois impulsos. Primeiro, achava que devia formar jurisprudência a respeito do assunto. Porque eles estão um pouco equivocados. Eles, na realidade, são donos de um fonograma, quer dizer, são donos de uma gravação, mas eles não são donos da minha voz. O disco só pode sair se, em princípio, eu estiver de acordo com ele. E não estou de acordo, porque aquilo era refugo de gravação. Isso aí nas mãos de juiz, sendo competente, dá pra discutir uns dois anos. Afora isso, eles não têm uma gravação, mas um esboço de gravação. E isso se prova pelas críticas todas que saíram no Brasil. Todo mundo se tocou que aquilo era uma voz-guia, quer dizer, tem o lado moral, querer formar jurisprudência, pra todo mundo ter como se comportar, caso ocorra uma desgraça dessas. Agora, tem o outro lado. A pobreza é tamanha que, "de repente", você se misturar nesse lance, também te diminui. E fica dando divulgação para o que você está a fim de que não seja visto.

Folhetim — *Mas, não se falando mais, você não acha que eles podem aproveitar e fazer isso com outras pessoas, também?*

Elis Regina —É que a rapaziada arrepiou lá dentro. O pessoal da mão-de-obra, como eles chamam, chiou. Pintaram empurrões, umbigadas, negócio esquisito. Agora, eu aprendi que de hoje em diante vou gravar tantas músicas e só elas é que vão ser gravadas. Não tem mais prova de nada.

Folhetim — *Por que é que você não partiu, em termos de* show, *para vôos mais arriscados, como atriz e não só como cantora.*

Elis Regina — Porque já tem gente fazendo isso.

Folhetim — *Tem gente que já cantou também. O Pelé, por exemplo.*

Elis Regina — Até já gravei música dele.

Charge de Henfil sobre a música *O Bêbado e a Equilibrista*, 1979.

E NUVENS LÁ NO MATA-BORRÃO DO CÉU CHUPAVAM MANCHAS TORTURADAS QUE SUFOCO LOUCO
O QUE QUI A EDUCAÇÃO DO ALDIR BLANC TEVE QUE A MINHA NÃO TEVE?
E BÊBADO COM CHAPÉU-COCO FAZIA IRREVERÊNCIAS MIL PRA NOITE DO BRASIL
EU SINTO QUE A ÉLIS TÁ EMOCIONADA, EU SINTO...
ÉLIS UMAS TIXES! ÉLIS! Ê! Ê! ÉLIS!
ATENÇÃO! ESTE BRASIL RIMA COM...
QUE SONHA COM A VOLTA DO IRMÃO DO HENFIL
COM TANTA GENTE QUE PARTIU NUM RABO DE FOGUETE
CHORA A NOSSA PÁTRIA-MÃE GENTIL CHORAM MARIAS E CLARISSES NO SOLO DO BRASIL
SAI! SAI NOJENTO! VAI SE ENROSCAR NA BAIXINHA NOTÁVEL!!
ÓIA! ÓIA! NOTARAM A AQUARELA DO BRASIL?
MAS SEI QUE UMA DOR ASSIM PUNGENTE NÃO HÁ DE SER INUTILMENTE A ESPERANÇA DANÇA
PÔ, GRAÚNA! VAI DIZER QUE VOCÊ NÃO GOSTA DA VOZ DA...
VOU DIZER QUE É UM... UM... DESPERDÍCIO!
BOA! FINAL PRA CIMA!
PRONTO! O HINO DA ANISTIA TÁ PRONTO...
A ELIS SABE O QUE ESTÁ CANTANDO. ELA VIVEU A MÚSICA...
TÃO ACHANDO O QUE? QUE UM DISCO VAI CONSEGUIR A VOLTA DOS RAPAZES??
MÉXICO

"Quando descobrirem que estou verde, já estarei amarela. Eu sou do contra. Não vão me dirigir, não."

Folhetim — *Nunca te "bateu" vontade de "partir" pra uma de atriz?*

Elis Regina — Eu tenho muita vergonha.

Folhetim — *Ué, mas você não tem vergonha de subir no palco e cantar.*

Elis Regina — Ah, mas eu canto desde os doze anos. Por isso eu falei que cantar é só abrir a boca. Agora, representar tem um barato diferente. Sabe, eu acho até que é uma hora legal de teatro e música se juntarem, mais uma vez, pra ampliar o raio de ação dos dois. Agora, não adianta eu ficar muito preocupada, porque as três coisas que tenho pra fazer de imediato são: ensaiar, fazer um festival de *jazz* na Suíça e um festival de *jazz* no Japão.

Folhetim — *O que você vai apresentar em Montreux já está definido?*

Elis Regina — Ainda não. Tem três músicas do Milton, uma do Chico e do Gil. Tem mais outras coisas que a gente está vendo aí, mas que não estão definidas. Parece que tem umas coisas do Gonzaga.

Folhetim — *Você pensa em fazer alguma coisa como* O Clube da Esquina*?*

Elis Regina — Em fevereiro, eu e o Milton vamos fazer um disco juntos e o trabalho do ano que vem vamos também fazer juntos, no Brasil todo e no exterior.

Folhetim — *Como é que foi esse negócio de gravar o* Bolero de Satã, *com Cauby?*

Elis Regina — Bom, o Cauby Peixoto é paixão antiga, dos tempos que eu era ouvinte da Rádio Nacional. E eu ouvi essa música do Guinga, com Paulo César Pinheiro. O Guinga me foi apresentado da seguinte forma: fui ouvir as músicas do Nogueira e ele convidou um amigo dele para tocar violão. Aí, o João gravou uma fita e pediu ao Guinga: agora mostra as tuas músicas pra Elis. Ele me mostrou quatro. E eu tinha duas pra gravar e gravei essa. A outra está reservada pro outro lado. Uma chama *Bolero de Satã,* e a outra, *Valsa Maldita.* Veja a "barra" do cara. E eu, desde a hora que estava ouvindo a música, sentia que faltava alguma coisa. Tinha alguma coisa pra colocar junto com a minha voz. E eu tinha me fixado na Angela Maria. Um dia, eu estava dando uma entrevista, numa rádio aqui de São Paulo, e o Cauby entrou pelo corredor da rádio. Ia fazer um outro programa, num outro estúdio. Eu falei: é a "peça"! É essa figura que eu estava ouvindo e não tinha me tocado.

Folhetim — *Você tinha cruzado com o Cauby antes?*

Elis Regina — Já, muitas vezes. Sempre nos aviões da vida. Aí a gente gravou essa música. E ele me convidou pra fazer a produção do próximo disco dele.

Folhetim — *Como é que foi o clima da gravação do* Bolero de Satã?

Elis Regina — Profissional pra chuchu. Ele trabalha muito seriamente. E ele estava — eu imagino que ele estivesse — emocionado também. Pelo lance todo, aquela montoeira de gente jovem, sabendo as coisas dele, maneirismos e tudo, o jeito dele falar — ele estava muito envolvido pela gente. Acho que não pensou que tivesse essa penetração, que ele faz parte do inconsciente da gente.

Folhetim — *Elis, agora falando de amenidades, nunca notei que você ligasse pra moda e, de um tempo pra cá, estou percebendo mudanças...*

Elis Regina — Bom, tem um detalhe: depois dos trinta e quatro anos, a gente tem de dar um certo trato.

Folhetim — *Você está gostando da moda de hoje, também. Eu estou sentindo isso, você está amando a década de 1940-50 que está na moda.*

Elis Regina — Eu estou vestida de minha mãe, está ótimo. Ela tem uma fotografia que tem essas coisas, e estou sentada no colo dela, vestida de cetim com veludo e não sei o quê. Na verdade, as mulheres muito ativas, participantes, obrigatoriamente têm de ser um pouco masculinas também. O que é uma defesa pra gente. Porque você passa 80% do tempo convivendo com homens. Então começa a transar muita calça Lee, tamanquinho, camisa, camiseta, colarzinho, sem chamar muito a atenção, que é pra não sofrer, também, as conseqüências de estar muito arrumadinha no meio da homarada.

Folhetim — *Muita "bandeira".*

Elis Regina — Sabe, um pouco assim medo de levar um chega pra cá e um bizu no pé do ouvido e ter de tomar uma atitude. Sei lá. Ou então, por outro lado, as intelectualidades da vida dizerem "aí, ataviada", "credo, que nojo", "olha que mulher 'fresca'". Mas eu não tenho nada contra ser 'fresca', muito ao contrário, fiquei oito anos botando isso pra dentro, até o dia que falei: quer saber? vou botar as minhas penas de fora um pouco.

Folhetim — *Agora, e sobre as feministas?*

Elis Regina — Tem o seguinte: o movimento feminista procura a emancipação da mulher. Eu fui uma mulher emancipada aos catorze anos de idade, e pelo meu próprio pai, que de "chauvinista" tem tudo e talvez por isso tenha me emancipado. Não é uma boa? Então acho que na minha cabeça está tudo. Eu trabalho. Sei das dificuldades que uma mulher participante e atuante e que pensa, tem. Quando senta numa mesa pra deliberar, nunca é olhada com a mesma seriedade. Mas é tudo uma questão de colocação. Podem não te olhar com seriedade cinco minutos, mas, se a conversa durar duas horas, daqui a pouco tem de estar falando de igual para igual. Afinal, qual é a diferença? Se uma coisa foi feita pra encaixar na outra, é tudo igual. Depois tem outro lance aí. Eu acho que não está muito diferente a situação da mulher e a situação do homem, hoje em dia. Eu não sei por que, de repente sai todo mundo esbravejando porque os homens isso porque os homens aquilo ... Esses homens "chauvinistas", machistas e supercomandados pelo esquema paternalista, eles foram criados, gerados, alimentos, comandados e educados por mulheres que aceitavam isso. Então, o cara não tem culpa sozinho, sabe? O meu irmão conseguiu dar o pinote quando saiu de casa, porque enquanto estava dentro de casa ele era um saco. Ele era o meu pai tudo de novo. Casou com uma mulher com a cabecinha toda certa, e ele troca fralda e não se sente diminuído por isso. Eles dividem as responsabilidades da casa, do trabalho, do dinheiro, do carro, da moto, de tudo, sabe? Ali é uma comunidade, não tem homem, não tem mulher. São dois amigos, que moram juntos. E são duas pessoas profundamente solidárias, que é uma coisa que eu não vejo em 80% dos homens brasileiros, a solidariedade. Sempre o homem é o que fica mais doente, o resfriado nele pega mais forte. Mas isso aí é resultado do quê? Da mamãe, da vovó, não é culpa deles. Mas tem de haver essa mulher chata que a gente é hoje em dia, pra falar assim: malandro, tu está cansado mas eu também trabalhei até agora. Como é que é? Tudo numa boa. Não pode chegar, pegar uma foice e decapitar o cara só porque ele é homem. Ele é homem que foi filho de uma mulher.

Folhetim — *Vou fazer uma pergunta bem idiota. Todo mundo acha que a Elis vem de Elizabeth. Mas seu Elis é Elis mesmo. Como é que foi essa transa?*

Elis Regina — A minha mãe estava lendo um livro, um romance de amor, e tinha uma mrs. Ellis e mr. Ellis. E eu acho que era o casal romântico. E essa mrs. Ellis devia ser assim aquela mulher maravilhosa que minha mãe gostaria de ter sido. Ela ficou fascinada por esse nome. Que não é um nome, é um sobrenome. Quer dizer, eu sou a Kelly Cristina dos idos de 1945. Aí meu pai foi me registrar: tais horas, do dia 17 de março de 1945, uma criança do sexo feminino, que terá como nome... ele falou Elis. O cara falou: "Não, pode parar. Elis não pode. Então ele perguntou "por quê"? O cara falou: porque "Elis Carvalho Costa é um nome que pode ser de homem e pode ser de mulher. O senhor tem de arranjar um outro nome feminino pra colocar depois desse Elis aí". Aí, ele pensou um pouco. Na semana anterior, tinha nascido uma prima, filha de uma irmã dele, que se chamava Sandra Regina. Não podia ser Elis Sandra, porque ficou esquisito até no ouvido dele. Aí, Elis Regina.

Folhetim — *Você acredita na anistia ampla, geral e irrestrita?*

Elis Regina — Eu acho que se não derem vai ficar esquisito.

Folhetim — *Pra quem?*

Elis Regina — Vai ficar esquisito pra quem prometeu e não cumpriu. Acho que tem mais é que pintar, principalmente porque essa questão de crime político é um negócio muito relativo. Depende do lado vitorioso. O lado vitorioso prega uma coisa, o que era de oposição pregava outra, e isso é uma contingência de um determinado momento.

Folhetim — *Você sente que sua categoria é unida hoje?*
Elis Regina — Não, eu não sinto, não.

Folhetim — *Bem, há condições objetivas de que isso aconteça?*
Elis Regina — Um grupo. Sempre um grupo. Muito pequeno e muito ativo, do qual fazem parte Aldir Blanc, João Bosco, Paulo César Pinheiro, Sérgio Ricardo, Gonzaga, Vitor Martins, Ivan Lins, Milton...

Folhetim — *Seria mais ou menos a turma que trabalhou em São Bernardo. Não houve a renovação do grupo, do mesmo jeito que não houve uma renovação na música popular brasileira.*
Elis Regina — Mas eu acho que é aí que está. Está no começo da conversa da gente. Está precisando arejar esse lance todo. Quer dizer, precisa pintar gente nova. Precisa pintar compositores recém-saídos das universidades. Novos músicos, novos cantores, porque senão vai ser sempre a gente mesmo. E você vai esperar o quê? Que no Congresso da UNE o Roberto Carlos fosse cantar em Salvador? E eu falo. Pode botar, o Roberto Carlos cantar em Salvador, não vai. É mais fácil ele cantar nos outros lugares, mas no Congresso da UNE? Não vai segurar. Vai cantar em São Bernardo? Não vai.

Folhetim — *É, mas a gente também está falando de um fundo do baú, quer dizer, é o mesmo pessoal.*
Elis Regina — Também é o mesmo pessoal! Eu estou falando. Por quê? Porque desde 1966 as pessoas que fazem música, que interpretam música, que executam música, são sempre as mesmas. É o circo do elefantinho que está armado. E em processo de antropofagia. Alas se entredevorando, numa flagrante e evidente e palpável luta pelo poder. Só.

Folhetim — *Você já pensou em fazer um tipo de trabalho mais chegado ao operário?*

Elis Regina — Já. Já conversei com eles todos, estão só esperando a confusão das greves e intervenções acabarem, pra gente começar a transar isso.

Folhetim — *Quer dizer, existe um plano.*

Elis Regina — Existe.

Folhetim — *Mas é do grupo ou teu?*

Elis Regina — Meu! Mas aí é simples. Porque o esquema está montado e é só perguntar: João está nessa? Ou Clara está nessa? João Nogueira, como é que é? Tem 19 sindicatos do interior de São Paulo querendo comprar *shows*. Agora você tem de encarar um artista que está sabendo que vai trabalhar por uma bilheteria de 30 cruzeiros por pessoa. Mas o que te altera, e altera no sentido positivo, é que esse público com uma distância muito grande em relação a você, vai te impor até um tipo de repertório, a linguagem musical.

A linguagem da terra. Não é só a linguagem musical. E como é que essa terra fala. Como é que essa terra se comporta. Como é que ela reage diante das coisas. O que é que na realidade eles acham da gente. O que é que eles estão esperando da gente! Qual o tipo de aproximação que pode ser feito, sem que um seja triturado pelo outro.

Folhetim — *Como você vê essa apresentação tua em Montreux, com Gismonti e com o Hermeto? Você conversou com eles?*

Elis Regina — Não. Ainda não. Essas apresentações não são coletivas. Eu não sei se vai pintar o que o Ciro Monteiro chamava de "hipotenusa final". Agora os "homens" estão interessados em botar meus discos lá fora, isso é uma cláusula contratual. A melhor chance pra chegar à Europa é o festival da Suíça, transmitido pela Eurovisão, imprensa toda reunida, aquelas coisas. Dizem que o primeiro mercado discográfico do mundo é do Japão. Eu já tenho todos os discos lá e os homens mandaram me convidar pra cantar. Eu vou também. Mas não consigo me imaginar de Pequena Notável de novo, sabe? Estou a fim de transar essa, mas não é só. Não é prioridade da minha vida, tanto que, se fosse, eu não estava pensando mais nos negócios dos sindicatos. Isso é meta pra daqui a pouco. Tem até uma outra, que é do circo. Fazer circo e sair pela periferia. São duas coisas que vou fazer e muito breve. Já tenho um cara do circo. O cara já está com a lona. Sujeito que tem os contatos em todos os lugares e vamos embora. Quer dizer, o meu lugar é aqui..."

(Fonte: *Folha de São Paulo/Folhetim* - junho 1979.)

Elis: no visual novo, muito charme

Rafael Varela Jr. e Valdir Moura

Elis Regina, uma cantora de muita tradição e prestígio na música popular brasileira, prepara-se para mostrar ao mundo, definitivamente, toda a sua qualidade como intérprete, depois das participações nos festivais de jazz *internacionais, acontecidos no mês passado.*

Depois de muitos anos na batalha árdua e difícil, tanto como cantora como representante da classe, Elis mudou de gravadora, passou para a WEA, e mudou o visual, agora mais fatale *e menos "pimentinha".*

Música — *Como foi a preparação de seu novo disco,* Elis, Essa Mulher?

Elis Regina — O disco foi muito simples, teve de necessariamente ser simples, pois estava atravessando um período de muita turbulência, depois de estar quinze anos na Philips e passando para a WEA. A excitação da mudança, precedida por uma ansiedade minha em sair de onde eu estava, sacando que já não "dava mais pé", me levou a um papo entre o Midani (diretor da WEA) e o Mazola (produtor da gravadora), que me apresentaram um plano de trabalho completo e complexo, que seria levado a cabo no Brasil e no exterior, abrangendo todas as áreas de comunicação. Isso, para um profissional, é ótimo, mas deixa também baratinado.

Música — *E como surgiu a elaboração e o repertório?*

Elis Regina — Bem, pelo curto prazo de tempo em que o disco teve de ser feito, não deu para elaborar muito, tinha uma porção de músicas que eu já havia mais ou menos selecionado, que eu gostava, e foram pintando as músicas do disco. Além disso, ficou marcado um reencontro com pessoas, com Mazola, com músicos, com coisas que tinham ficado meio perdidas. A primeira música que me tocou muito foi *Essa Mulher*.

Música — *E o resto do repertório, como pintou?*

Elis Regina — Pela rapidez que era exigida, procurei fazer do disco um negócio parecido comigo, outras propostas, enfoques e debates mais profundos na colocação de certas músicas no repertório, me parecia difícil de ser feita, num momento em que nós todos, como sociedade, estamos atravessando por um período de transformações muito grande. A gente não sabia exatamente o que estava vivendo nem o que ia viver.

Música — *Nesse clima todo, de transformação, tanto seu como do momento, o que você escolheu?*

Elis Regina — Bem, decidi colocar "minha cabeça"; são coisas que eu penso, que me afligem, que me divertem, muita coisa de mim. Quero também mostrar meu trabalho e cantar, que é o que eu gosto de fazer. Tudo isso, porque tive de pensar rápido, pela mudança, mas agora que todo esse rebu já passou, posso me organizar melhor, pensando até em meu próximo disco, em maio do ano que vem. Além do disco que vou gravar com Milton Nascimento, para janeiro ou fevereiro. Então já estamos preparando tudo, entendendo os hábitos do dono da casa, a linguagem.

Música — *Você que esteve afastada voluntariosamente da tevê, e em especial da Rede Globo, de repente voltou, contrariando aquilo que você mesma tinha dito, tempos atrás. Como foi isso?*

Elis Regina — Eu estava enganada a respeito de algumas coisas, como participação de tevê e rádio, até resistindo a uma série de pressões. Como se a gente acreditasse, com isso, poder mudar o mundo, quando, na verdade, a gente não vai mudar porcaria nenhuma, muito menos se a gente não estiver dentro do mundo. Sendo um ermitão, por exemplo, é muito mais difícil poder fazer alguma coisa, do que estando enfiado ali no inferno. E uma vez no inferno, é muito melhor estar no centro do inferno.

Música — *Foi assim que você resolveu voltar à tevê?*

Elis Regina — É, se o inferno é a tevê, então vamos a ela, a todas as que estiverem disponíveis. Ainda que a gente tentou participar das possíveis alternativas, seja a tevê, seja a imprensa. Eu cheguei a pensar, em uma época, que a TV Bandeirantes fosse uma alternativa para ser um lugar-comum. E eu não me dei conta disso, o que foi uma grande besteira.

Música — *Mas o que irritou você na TV Bandeirantes?*

Elis Regina — Por ela ser uma rede nova, em expansão, precisa muito mais dos favores governamentais do que as que já estão estabelecidas, conseguindo armazenar um potencial econômico, técnico e artístico. Então, a Bandeirantes precisava fazer muito mais esse "jogo" para merecer as chamadas benesses dos poderosos. Então, nesse momento, ela passa a ser a mais perigosa. E além de mim, muitos outros colegas "dançaram" nessa, como eu.

Música — *E quanto à Rede Globo, como foi a volta?*

Elis Regina — Em relação ao "*doping* da Rede Globo", foi feita uma reunião em que todo mundo decidiu resistir, e chegou um determinado momento em que a gente começou a perceber muita trilha de novela com os "resistentes", muito "Globo de Ouro" com eles lá dentro. Então a gente se toca: só eu estou resistindo. Então, tudo é um negócio e a gente é mercadoria, então eu vou mais é pra Globo. Porque houve uma segunda reunião, em que todos decidiram aderir à Globo novamente e eu não fui convidada, portanto, fiquei fazendo um papel de tonta, de Zorro vingador, morrendo a cem metros da praia, um quixotismo sem razão.

Música — *E com relação à tua direção à frente do movimento pelo Direito Autoral, continua a mesma proposta?*

Elis Regina — Isso não mudou nada, eu acho que ao trabalhador deve ser dado o que merece. As reivindicações da classe estão aí para mostrar a consciência do trabalhador. Ainda que com uma certa manquitolância, os direitos têm sido dados aos intérpretes. Apesar de o ECAD, especificamente, que continua nas mãos das arrecadadoras, que fazem tudo para torpedear o sistema de arrecadação do CNDA, que é quase perfeito. Mesmo sabendo tudo isso, meus direitos são respeitados. Meu direito conexo é arrecadado e distribuído. Antigamente eu ganhava mil cruzeiros por mês, hoje em dia ganho vinte e quatro mil, o que é uma fortuna perto do que era, é uma melhoria, ainda que não se aperfeiçoe completamente.

Música — *Como anda tua firma, que auto-empresaria seus negócios, programando viagens, marcando* shows, *etc.?*

Elis Regina — Graças a Deus, tudo bem. Tenho viagens e *shows* até 23 de dezembro, tudo organizado. As pessoas que se auto-empresam estão bem; a rapaziada que tem corretores, porque nenhum é empresário, tá dançando. Até, e principalmente, o Marcos Lázaro, eu que o diga. Se não for em grana, é em integridade, em respeito, em uma porção de coisas.

Música — *Essa tua mudança de fachada, com um visual mais atraente, uma* new-fashion, *tem a ver com o sistema WEA de trabalho?*

Elis Regina — Eu, da *new-fashion*, é muito engraçado. Com trinta e quatro anos de idade, vinte de profissão, casada, com três filhos para criar, já sou da *old-fashion*. Isso aí de novo rosto deve-se ao fato de ter uma filha, estou brincando de mocinha, não tem nada a ver com a WEA. Apenas minha filha "pintou" em casa, cheia de babado, e eu fiquei com inveja, só isso. Eu transei no meio de homens desde os doze anos de idade, dificilmente tenho contato com mulher, no meio de trabalho. Todos são homens, músicos, produtores, dirigentes, empresários. Quem sabe eu não tenha vestido muita calça comprida, muita camisa e cortado meu cabelo curto para ficar imune a certo tipo de ataque? Talvez tenha sido até inconscientemente, para me defender.

Música — *De repente, mais confiante, você decidiu relaxar essas armas?*

Elis Regina — É claro, depois de algum tempo, você passa a relaxar mais, quando conhece melhor as pessoas que te cercam durante todo esse tempo. Agora transo tudo de igual para igual, sem medo de ser passada para trás, ou nego avançar sinal, pura e simplesmente por eu ser mulher. Acho que as mulheres também, de uma certa forma, ganharam mais confiança como ser humano. Um trabalho lento, gradual e restrito. Num meio cultural inteligente, culto, a mulher que se cuida, trata do cabelo, que põe anel, é "nojenta, fresca". Então, inconscientemente, a gente se defende com o uniforme geral: calça Lee e camiseta, pra mostrar que é "inteligente", uma grande discriminação.

Música — *O que você acha dos estudantes?*

Elis Regina — A gente é um país pobre pacas, com quase 80% de analfabetos, mas é pretensioso. Esse pequeno porcentual que vai às universidades é que dita as regras, que dá ordens, dita moda, discrimina. Chega a perguntar: amigo de quem você é? Filho de quem você é? Qual a faculdade que freqüentou? Qual o seu diploma? Se você não tem amigo forte ou influente, tá "dançado". E eu nunca fui marionete, nem nunca tive vocação para isso.

Música — *Como foi a tua transação com o Lula?*

Elis Regina — Ele é muito legal. Me convidou para fazer o *show* do Fundo de Greve. Foi muito gostoso, fui tratada como uma a mais; "de repente", éramos todos metalúrgicos, a cachaça era a mesma, o sanduíche era o mesmo. Foi muito engraçado quando ele me viu e falou: "Deixa eu pegar no teu braço, você existe? Eu pensei que fosse figurinha de televisão!" Foi muito legal, é muito inteligente e precisa tomar muito cuidado para não ser utilizado. Tem muita gente dando força ao Lula, empurrando para depois puxar o tapete, pois não é brincadeira. Ninguém gosta de liderança, ainda mais liderança de proletariado, que é a mais "perigosa". É bom ele perceber isso, se é que já não está sabendo.

Música — *Como foi transado o Festival de Jazz de Montreux?*

Elis Regina — Foi tudo preparado pela gravadora, a nossa música pode e deve fazer alguma coisa pelos artistas brasileiros e também pelo país. Já foram muitos e este ano fui eu. Claro que a gravadora vê um negócio que também vai render para ela, vai ter retorno, porque senão ela nem arriscava. Para nós, também é importante, como artistas e criadores. Temos, segundo a crítica, a segunda música do mundo. Montreux abre a Europa, o Japão é o segundo mercado de discos do mundo. Por isso, para mim, é muito importante. O Quinteto

Violado vende muito mais no Japão que aqui no Brasil, assim como Egberto Gismonti, que virou um monstro sagrado.

Música — *E a WEA está cobrindo você profissionalmente?*

Elis Regina — Demais. Meu disco vai sair na Argentina e vou para lá divulgar, fazer imprensa falada e escrita. Tudo acompanhado e programado. Justamente o que um artista quer e espera. Porque não adianta eu ir à Argentina, com disco pronto, lotar um teatro de cinco mil lugares, se não sai um recorte de jornal, algo que permaneça para o povo de lá.

Música — *Você acha importante ter de ganhar o público estrangeiro, ou seria apenas vaidade de querer conquistar o mundo profissionalmente, haja vista que o Brasil é também um mercado vastíssimo, ainda a ser totalmente explorado?*

Elis Regina — Eu tenho muito tempo de carreira, já estou noutro estágio. Já conquistei o meu mercado nacional, minha fatia já está assegurada, agora é só expandir. Fazer um trabalho fora é alternativa para quem já tem muito tempo de carreira. E a dose narcisista de todos nós é excessiva, chegando um momento em que todos pensamos que o Brasil é pouco para nós. E outros países, como a Argentina, é abertura de mercado, não só para nós como também para os músicos que vêm vindo, que também vão querer cantar lá fora e vão encontrar as portas abertas.

Música — *Não corre perigo de o músico fazer música brasileira à la americana, de tanto se apresentar lá fora, esquecendo o jeito brasileiro de tocar e cantar?*

Elis Regina — Não acredito, de jeito nenhum. Depende da cabeça do artista ser colonizada ou não. E se é colonizada é aqui mesmo, no Acre, não precisa ir à Suíça. Pensa como americano, gosta de tomar chá às cinco da tarde como inglês, lê literatura francesa e só vê filme italiano, de Fellini e outros. Quando o cara é "fresco" e nasceu para ser tapete, não precisa sair para ser puxa-saco. Tem gente que nasce para ser novos Beatles, prefere ser cabeça de sardinha do que rabo de leão, e há exemplos para citar. Milton vai cantar em Nova York e não vai deixar de ser de Três Pontas, que é muito mais forte para ele.

Música — *Hoje, como você vê os festivais da Record, a "dançada" que deram os músicos. Enfim, aquele movimento todo?*

Elis Regina — É, foi um negócio que foi "dançado". O último festival foi em 1968 e a partir de 1969 a gente não podia se reunir em grupo, que dirá outras coisas, não podia falar sim ou que não. Era para não falar nada. Hoje em dia poderia até voltar tudo de novo. Festival é uma feira de amostras, eu não poderia participar mais de festival. É preciso que surjam novos valores, músicos, letristas, intérpretes...

Música — *Está surgindo uma onda de apreço à música latino-americana. O que você acha disso?*

Elis Regina — Eu acho que, enquanto modismo, não reflete nada nem acrescenta nenhuma coisa, mas como movimento cultural, nada mais significativo que conhecer os nomes de nosso continente, afinal, vivemos nele e temos de saber de toda a história dele. É como um francês não saber da Alemanha — um absurdo. Tem de ter informação, mas a partir do momento em que a contracultura é assimilada pelo sistema, degenera, vira moda, é consumida instantaneamente. Não se pode sacanear um continente por meia dúzia que vai atrás da moda. Já gostou de bossa nova, aderiu ao tropicalismo e agora faz protesto. Moda é uma coisa muito triste, despersonaliza o indivíduo.

(Fonte: *Revista Música* - 1979.)

"Enganam-se aqueles que pensam poder me crucificar, os pregos furarão suas próprias mãos..."

Elis Regina — sensacional

Renato Sérgio

O bobo fui eu. De ficar quase dezessete anos longe — de corpo e alma — de uma pessoa que diz coisas assim:

1) "Acho que muito do nosso comportamento, a gente pensa que é geral, mas a gente não é geral, a classe média não é geral, porque tem um tipo de ansiedade, uma busca de *status*, um certo posicionamento, uma certa nostalgia da corte, que o pobre sabe que não vai pintar nunca, por isso com eles não tem esse lance, por isso os pobres são mais desprendidos; por isso, os que estão lá em cima estão distorcidos, não são nem mais brasileiros, tanto que vendem tudo o que é brasileiro. E não é uma troca, como os fenícios faziam. Porque eles não entregaram a Fenícia, que foi um lugar que morreu "sendo". Você sabia quem já está explorando petróleo na Amazônia? É "umas", que fazer? Não é, pois, a Fenícia sendo vendida, é um intermediário da Fenícia, com contratos, riscados e arriscados, com assírios, caldeus e babilônios quaisquer. E digo mais: só não saio por aí carregando cartazes contra isso e outras cortisonas e antibióticos da vida, porque "de repente" pode ficar meio esquisito passar a ser olhada assim como marciana. Aliás, o *alô, alô, marciano* sou eu".

2) "O artista de música aqui só vive de *Bye-Bye Brazil*, à base de *Caravana Rolidei*, desde a Rádio Nacional velha-de-guerra. Uma vez a gente estava na estrada, no interior paulista, e pintou uma plantação de laranja. Invadimos e começamos a apanhar as amarelinhas. O dono do laranjal descobriu e foi só tiro que voou. A gente correndo, ele atrás, foi o maior barato".

3) "Tom Jobim é uma gracinha. Um dia, ele me disse assim: 'Ô Élis (pra ele eu sou Élis e não Elis), as praias desertas não existem mais; em qualquer delas há sempre um Volkswagen!' "

O bobo fui eu. Alô, alô, marciana Elis! Ouviu? Então vamos levar um lero legal, tá?

Manchete — *Você tem as chamadas prendas domésticas, cozinha, essas coisas...*

Elis Regina — ... comida das crianças sou eu quem faz... a nossa já complica um pouco, porque é meio diferente... arroz integral e tal, dizem que é macrobiótica, mas não é bem isso, não tem aquela fissura da "macrô", embora sejamais na base do cereal... soja... feijão azul, um negócio diurético, não é meu caso, que transo muito chá, mas que é bom pra quem birita um bocado... quando a gente tava preparando o *show* eu fiquei sem empregada, então eu acordava de manhã, o João ia arrumar as camas, dele e dos irmãos, o César arrumava o nosso quarto, varria tudo, enquanto isso eu preparava o rango. O pessoal almoçava, eu abria minha Escrava Isaura...

Manchete — ... *eu, heim!*

Elis Regina — É minha lavadora de pratos. Eu ligo a chibata e ela entra em cena "numas". Abria a boca da Isaura, botava os pratos, depois ia pro teatro, com as crianças. Eu ensaiando, eles zoneando. Sete da noite fazia o lanche deles, ia pro andar de cima do teatro, que tinha um banheiro, eles tomavam banho, botavam os pijaminhas, deitavam um ao lado do outro, no camarim, pra dormir. Eu descia pro ensaio, quando dava onze e meia, meia-noite, a gente ia pra casa com a moçada. Lá "pintava" um leite, uma vitamina, dormia todo mundo de novo. Foi assim um mês e blau. Aí, um dia, eu joguei a toalha: "Essa jornada dupla de trabalho tá é me matando!"

(*João, Pedro e Rita — os filhos — começam a perturbar, ligeiramente*).

Não adianta... nada de ascendência: o brilho particular de cada pai não influi na cabeça de nenhum filho... (*ri e aponta Pedro*)... este aqui está dando entrevista dizendo "eu quero ser filho de Elis Regina". É o contrário... ele *quer...* ser... e "dança" a minha cabeça... são três seres completamente diferentes um do outro.

Manchete — *... você tem alguma explicação pra isso, além do fato de eles serem filhos de pais diferentes?*

Elis Regina — Pela época que você teve cada um, né?

Manchete — *Pela sua cuca ou pelo seu organismo?*

Elis Regina — Acho que a cuca e o organismo são duas coisas interdependentes. Eu não separo a cabeça do intestino.

Manchete — *Então, na semana passada você estava também ruim de cuca...*

Elis Regina — ... não, porque virose independe da cuca... (*risada*)... foi um problema intestinal, não foi mental... e passou na base da homeopatia...

Manchete — *... "miau" pra alopatia?*

Elis Regina — Há cinco anos. Homeopatia, alimentação natural e acupuntura.

Manchete — *Antes que eu me esqueça: você não ia gravar a primeira música da Ângela Rô Rô?*

Elis Regina — Ia. Mas esconderam a fita e não me deixaram gravar. Acho até legal pintar esse negócio na conversa, pra ela não pensar que teve sebo, porque não teve mesmo, de jeito nenhum...

Manchete — *... mas quem é que escondeu?*

Elis Regina — Ela sabe, ela sabe. Aliás, a Ângela é uma pessoa brilhante, muito forte. Eu acho que, assim, em termos de personalidade dessa moçada nova que tá pintando no pedaço, o dela é provavelmente o depoimento mais sério. É uma pessoinha que já experimentou todas as coisas, moça de classe média que desbundou essa mesma classe; saiu, foi, quebrou a cara, se destruiu, sacou que a destruição não levava à porcaria nenhuma e partiu para uma outra. E ela tem uma cara muito limpa, né. Se machucou muito, mas não se transformou numa coisa venal, facilmente vendível, de empacotar e distribuir. É uma pessoa séria, sempre com uma cartinha, um curinguinha na mão. Mas como ela "pintou" numa época de sufoco, nos chamados anos de crise dentro da indústria fonográfica, "de repente" ela pode... (*Rita beija a mãe na boca*)... Essas coisas são engraçadas, né, de vez em quando a gente esquece que está em determinados lugares e leva pra lá o nosso comportamento familiar. Hoje eu estava fazendo aula de ginástica, de manhã, ginástica com dança, aquelas coisas, aí eu tava num período de relaxamento, os dois foram pra perto de mim, me beijaram na boca, e eu saquei que tinha uma senhora olhando, "entrando em parafuso"... No entanto, todos os normais beijam os filhos na boca, as pessoas anormais é que não fazem isso... aqui todos tomam banho juntos, na minha casa nós tomávamos banho juntos... e tamos aí, sabe como é que é? Acho que quanto mais você mascarar as coisas, pior vai ficando, sabe?

Manchete — *Você não acha que esse seu* Saudade do Brasil *tem alguma coisa da nossa montagem teatral do* Hair?

Elis Regina — O *Hair* foi dirigido pelo Admar e a coreografia da Márika. Tem coisas no espetáculo, não sei se você chegou a ver... tem coisas nele que me lembram *Marat-Sade*, quer dizer, não com aquela violência, aquela coisa altamente contundente...

Manchete — ... *em* Marat-Sade *você condenaria quem?*

Elis Regina — Acho que eu condenaria o manicômio, a existência do manicômio... naquela época o primeiro cara que incomodasse um pouco o *establishment* era logo mandado pro manicômio... era o sistema carcerário mais apurado... a mãe solteira e a criança eram mandadas pra lá, trancafiadas elas não podiam atrapalhar o que estava estabelecido como verdade maior...

Manchete — ... *foi por isso que você não foi mãe solteira?*

Elis Regina — Não, bicho... nunca pensei em ser. Mas acho que jamais seria, em função da minha mãe, que é uma pessoa à qual devo muitas coisas, coisas bastantes sérias, importantes, e que tenho certeza absoluta de que não compreenderia determinados lances... vou explicar uma coisa: minha mãe é uma pessoa que estudou até o terceiro ano primário, só, mas é uma pessoa muito inteligente, bem-dotada... e ela parou de estudar porque minha avó teve mais quatro filhos, quer dizer, eram onze ao todo, e mamãe era a segunda, então foi tirada do colégio pra ajudar a mãe dela, porque, de todas as moças da casa ela era a que tinha instinto maternal mais apurado. Ela é a mãe, né, aquela mãezona, busto grande, senta com as pernas abertas, um filho de cada lado, tipo assim "tamos aí"...

Manchete — ... *então você não puxou por ela, porque seu busto...*

Elis Regina — ... eu operei, ela também... era um defeito da natureza, que acabava refletindo na coluna... eu operei primeiro, dei um "toque" pra velha, como se trata de uma pessoa que não teve muita chance de desenvolver suas próprias potencialidades; ela deixou sempre o caminho da gente o mais livre possível, pra gente fazer tudo o que estivesse a fim, justamente pra evitar os pequenos ranços que ela flagrava que tinha. Acontece também que, depois que meu irmão nasceu, ela teve um período grande da vida em que ficou inconsciente... enlouqueceu... no sentido mais grave da palavra... ela pirou... "dançou" a cabeça... e teve de fazer choque de insulina, uma porção de coisas... então, a vida, pra ela, nunca mais voltou ao que era antes, quer dizer, o peso e as medidas dela ficaram muito balançados... era uma mulher magra, de 60 e poucos quilos, engordou... mas era uma mulher lindíssima... continua bonita... mas em função da cabeça ter "dançado", "dançou" muita coisa...

Manchete — *... eu me lembro de ter visto vocês, na Hebe Camargo, né...* foi na *TV Record*, Minha Vida É Assim... *pois, é, o tempo passa... me lembro de uma noite, logo depois que a gente se conheceu, deve estar fazendo uns dezessete anos, que é a idade que meu filho Renato vai fazer em novembro, o mesmo, agora já quase homem, que você beijou, ainda no berço, lá em casa, na Rua Canning 22/703, eu era inquilino do Fernando Sabino... mas você beijou o cara na cabeça, dizendo que era pra dar sorte... parece que deu... mas então só nós dois e não me lembro mais quem, estávamos no Alcazar, ali na avenida Atlântica, depois do ensaio de um* show *que você ia fazer com o Simonal e nunca chegou a fazer, no antigo Teatrinho de Bolso, na praça General Osório, onde hoje é o Privé...*

Elis Regina — ... aquele teatro que tinha uma coluna no meio...

Manchete — *... era do Aurimar Rocha... mas daí a gente* *saiu e foi tomar chope, caminhando, a pé, de repente você apontou para o horizonte e fez um gesto, do Leme até o Posto Seis, e disse: "Isso aqui ainda vai ser meu!"* (Ela ri.)

Elis Regina — É... coisa de criança, mesmo. Coisa infantil... sei lá, fico até com um pouco de pena... devia ser importante pra burro, esse troço, pra mim...

Manchete — *... agora você tem quase tudo e acha que não era importante?*

Elis Regina — É importante... mas, sei lá, aconteceu tanta coisa em função dessa conquista... tanta coisa boa e tanta coisa ruim, ao mesmo tempo.

Manchete — *E quem ganhou?*

Elis Regina — Acho que eu ganhei... é que, pro que eu tinha, o que eu tenho tá ótimo, qualquer coisa é lucro...

Manchete — *... o que é que você tinha?*

Elis Regina — Uma tremenda insegurança.

Manchete — *E agora?*

Elis Regina — Estou bem melhor!

Manchete — *Com certeza nas coisas?*

Elis Regina —Isso é uma coisa tão relativa ... eu tenho algumas certezas, fundamentais pra mim, quer dizer, não tenho mais problema de dizer ou de admitir que a coisa mais importante do mundo pra mim é minha casa... e às vezes você fica com problema de assumir uma pá de coisas que tem a ver com as suas vísceras mesmo... é um negócio meio inconsciente coletivo... eu não tive um avô plantador de azeitona, uma avó pastora de ovelha, por parte de mãe, e dois avós índios, por parte de pai, à toa; por isso eu tenho muito a ver com mato, muito, muito, demais, então quando as pessoas falam que me "escondi" na Serra da Cantareira,

Durante o *show Saudade do Brasil*, Canecão,
Rio de Janeiro, 1980.

respondo que "estou me encontrando" lá. É uma coisa completamente diferente. Não estou fugindo de ninguém, estou é buscando a mim mesma. Morei a minha vida inteira nas periferias "da vida" de Porto Alegre, que é a região da cidade que havia mais verde, mais campo, tinha cavalo pastando nuns terrenos em frente de casa, vaca, sabe, isso tem muito a ver, é um tipo de informação que recebi o tempo todo... de repente, corto vinte anos de vida, sem haver o *dégradé* do desligamento, ir desligando, desligando, desligando, pra poder assumir uma vida mais urbana... se você sai do mato pra cidade, você se perde, perde todo o jeitão de ser... eu acredito muito na influência do meio ambiente sobre a pessoa... então, o tipo de informação que tive a vida inteira e perdi, "de repente" ajudou bastante a que eu perdesse muito do prumo e ficasse buscando coisas que não eram tão importantes assim... Cantar é uma coisa importante, tanto é importante que, desde que eu me entendo por gente, que transo essa, mas tem uma série de situações paralelas que, realmente, não tem nada a ver com isso. E durante muito tempo me culpei bastante por esse comportamento de bigode que eu tenho, sabe, de estar nas bocas, mas por fora. Conheço todo mundo e não conheço ninguém, todo mundo me conhece e ninguém sabe exatamente como eu sou, mas hoje em dia não tenho mais problemas com relação a isso, porque tem muita gente no pedaço que é assim, sabe... o Gil é assim: a gente tem absoluta certeza de que sabe tudo sobre ele e não se sabe nada... ninguém sabe onde ele mora, tirando os amigos muito íntimos, ninguém chega à casa dele... O temperamento da pessoa tem de ser respeitado... é muito mais provável você chegar à minha casa e me encontrar na cozinha do que me encontrar recostada num sofá, de robe, ou numa *chaise longue* fazendo cara de Barbra Streisand em *A Star Is Born*... não faz parte de mim... durante muito tempo houve a crítica das pessoas e eu "encaixava" o golpe, ficava me sentindo meio mal, porque podia parecer que eu tava "fazendo tipo" ou menosprezando, não levando a sério o que me rodeava. E não é isso; eu levo as pessoas muito a sério, compreendo o comportamento das pessoas, a necessidade de cada um, mas eu não transo esse lado, não acho muita graça, sabe, não sei explicar pra você exatamente por que, acho até que é por causa da velha minha mãe mesmo, que, quando a gente chegava da escola anunciando que tinha tirado 10 em matemática, ela dizia: "Grande coisa, você só faz estudar, tem mais é que tirar 10 mesmo!" Atenção para a entonação... (*imita a mãe falando*)... quer dizer, numa boa...

Manchete — *... mas daí a gente pode cair numa supervalorização daquilo que a gente faz bem...*

Elis Regina — ... o importante é fazer as coisas, estar bem dentro da jogada, tirar o máximo de você mesmo... Por exemplo, as suas entrevistas são legais, mas você está sendo pago pra isso, sabe... tem essas coisas, quer dizer, o jeito de lidar com a profissão, sem que isso tenha de, necessariamente, obrigar você a lidar com o paetê, com a lantejoula e a tietagem...

Manchete — *... o que é isso?*

Elis Regina — É o antigo cometa velho-de-guerra... rabo-de-estrela, né? São as pessoas que têm o comportamento do espelho. Vivem do brilho e para o brilho do artista; não são o artista, especificamente, mas se satisfazem com o brilho do artista. É um processo de simbiose, nem sempre doente, algumas coisas até acontecem numa boa, embora haja sempre alguma coisinha que é indicativa de que há algo meio neurótico, meio doentinho, solto no ar... Sabe de uma coisa? Eu sou mais pra *colona* do que pra coluna, sabe como é que é? Então fica assim, uma certa não-sintonia, que durante muito tempo eu quis explicar pra mim mesma por que não "pintava" esse lance. Agora já relaxei, tô com trinta e cinco anos, vai ser muito difícil mudar, mudar no supérfluo... a gente vai deixando o supérfluo na beira da estrada e daqui pra diante é só simplificar mais. E melhorar em outras coisas, aí acho que até pode haver mudança... mas a tietagem é um barato... dava uma excelente matéria jornalística...

Manchete — *... eu, pessoalmente, não tieto, mas acho que todos têm o direito, pelo menos, de tietar.*

Elis Regina — O sistema de vida atual fez com que pessoas esquecessem de que o direito de cada um termina onde começa o do próximo. É uma loucura. Eu vejo daqui a rapaziada do andar de baixo, tem uma espécie de jardim-de-inverno, tem plantinha, mesinha, num-sei-quê; bicho, o que tem de palito de fósforo, pedaço de algodão, pacote de bala, é um escândalo! Por isso que eu moro em casa. Porque se eu moro em prédio e "pinta" um pedaço de algodão sujo de cera de orelha dentro do meu quintal, eu vou catar, de porta em porta, e o cara vai ter de comer aquele pedaço de algodão. Porque minha casa não é lata de lixo. Morar em prédio, bicho, vou lhe contar, é uma... Precisa uma dose de abnegação, assim, fora do normal. Eu desisti. Durante algum tempo até tentei de novo ver se dava pra morar em apartamento, mas não há condição. Eu corro todos os riscos de morar numa casa, risco de assalto, essas coisas... morar em prédio... eu não sou passarinho nem nada... e depois, com ladrão, acho até que dava pra levar um lero, você não acha, não? Não dá pra levar lero é com a polícia, com ladrão, dá; a polícia primeiro atira, pra conversar depois, e nessa você pode "dançar"... Pro ladrão você fala: "taqui uma grana, some, só não comete violência, eu sou uma cantora popular", "de repente" o cara conhece a gente, viu a cara na televisão... nunca aconteceu comigo, por isso é uma situação que eu não sei como vou encarar, se "pintar"... deve ser preciso conversar, "tipo" assim: "Ó gente finíssima, é o seguinte, não tenho grana em casa, mas temos aqui um belo cheque nominal, até, se você quiser, deposita no seu banco"... Não deve ser uma situação muito agradável, mas se "pintar" não é por isso que vou sair abençoando o Mão Branca ...o Mão Branca é uma instituição, bicho! (*o relógio de parede bate oito horas.*)

Manchete — *A que horas você tem de estar lá no Canecão?*
Elis Regina — Assim "tipo" oito e meia, por aí.

Manchete — *Não cansa, todas as noites, cantar a mesma coisa, fazer a mesma coreografia e tal...*
Elis Regina — ... do mesmo jeito que você tem de ir pra redação amanhã...

Manchete — *... amanhã é feriado... pior ainda: eu vou trabalhar em casa, passar esse lero todo nosso pro papel...*
Elis Regina — ... a gente não sabe fazer outra coisa, tem de começar a encarar a coisa a sério...

Manchete — *... eu, pelo menos, faço variações em torno do mesmo tema, ou seja, o clima da conversa que eu tive com o Reginaldo Farias não tem nada a ver com o clima de nossa conversa de hoje e não terá nada a ver com o clima do próximo entrevistado, então, pra mim, nunca fica monótono...*
Elis Regina — ... mas a mecânica da coisa é a mesma, você vai ter de pegar o papel, botar na máquina... A minha mecânica é ir pro Canecão, fazer a maquilagem, pentear o cabelo, eu tenho que não-sei-quê, mas na hora que a gente começa a cantar, nunca faz igual todos os dias... tem o que aconteceu com você naquele dia, tem a rapaziada em volta, tem os circundantes, tem os circunstantes, tem tudo que faz com que a coisa em si se diversifique sempre, senão, realmente, ninguém agüentaria. Tem o dia que você faz melhor, tem o dia que você faz pior, tem a vez que você faz maravilhosamente, tem a vez que você quer se matar de ódio porque fez uma porcaria... quem está na platéia pensa que é a mesma coisa, mas no fundo, não é... quer dizer, o Zerbini

deve estar cheio de operar coração, mas você há de convir que, na hora que ele abre um peito, daí pra diante é um vôo cego sem fim.

Manchete — *Você já abriu algum coração?*

Elis Regina — Devo ter aberto. Numa boa. E também devo ter aberto numa péssima.

Manchete — *O pessoal não tem reclamado...*

Elis Regina — ... o pessoal não tem se queixado... (*gargalhada*) ... mas a coisa não é assim tão mecânica como você pensa...

Manchete — *... eu não penso assim, não... só estou...*

Elis Regina — ... instigando, catucando... (*bocejando*)... Taí, hoje era um dia que eu gostaria de ficar em casa, me emburrecendo, televisão ligada... (*risadinha*)... tem umas horas boas... e eu não consigo ver mais do que dez minutos... ficam aquelas figurinhas passando, assim, o olho vai ficando mole... eu nunca vejo a não ser dois *brakes* comerciais, dois cri-cri, no quarto cri-cri, já tô nos braços do tal Morfeu. É bom ver televisão, pra dormir é ótimo... eu ligo a tevê no camarim e fico ouvindo o som da novela ...

Manchete — *... só o som?*

Elis Regina — Eu não vejo televisão. Faço como se fosse rádio. Sou do tempo do rádio — trata-se de uma pessoa meio antiga. Televisão pintou na minha vida quando eu tinha dezesseis ou dezessete anos, então é uma coisa meio moderna pra mim, né... os hábitos já estavam consolidados... o César fica uma "onça" comigo, "pô, você liga esse troço e não olha?!" Eu digo "eu não, praquê que eu vou olhar, tô fazendo tricô, tá tão bom..."

Manchete — *... você transa tricô?*

Elis Regina — Tricô, crochê ... sou uma moça prendada, moço... (*risada*)... faço tapetinho de retalho, planto chuchu... agora que tá ficando gostoso, lá em cima...

Manchete — *... na sua casa...*
Elis Regina — ... faz frio, tem a lareira acesa, aquele cheirinho de lenha queimada, não dá nem pra botar o nariz na porta que você congela... é bom, bicho, lá em casa é ótimo...

Manchete — *... olha, são quase 8h15...*
Elis Regina — ... é, tenho dee ir mesmo, não me resta outra alternativa... (*risada*)... e vamos nós!

(Fonte: *Revista Manchete* - 1980.)

"Não tô 'a fins' de camisa-de-força"

Quinze dias antes da morte, Elis Regina deu a última entrevista. Ela foi entrevistada pelos críticos de música Zuza Homem de Melo e Maurício Kubrusly e pelo jornalista Salomão Esper no programa Jogo da Verdade, *da TV Cultura.*

Jogo da Verdade — *Quando você tinha catorze, quinze anos, gravou um LP. Fala como o repertório foi escolhido.*
Elis Regina — Um dia eu estava em Porto Alegre e apareceu por lá um produtor de disco, o Nazareno de Brito, que era da Continental e que me convidou para fazer um LP. Evidentemente, consultando dona Erci, minha mãe, tive a permissão para vir a São Paulo. Ficou combinado que eu gravaria o disco, mas não sairia de Porto Alegre até o famoso canudo de papel, de que fala Martinho da Vila, o qual não tenho. Cantar era mais importante. Se a perfeição era uma nota, eu estava à cata dela e continuo à cata dela. Não sei se algum dia vou chegar lá, mas eu queria morrer sem grilos.

"Explodi" com vinte anos, com *Arrastão*, demorou quatro anos e de repente o pudim até ficou mais gostoso pra mim.

Jogo da Verdade — *Entre esse momento e agora, diversas fases da música aconteceram. Como profissional, hoje, é diferente a sua relação com o produtor, com o arranjo?*

Elis Regina — É mais difícil fazer disco porque a prepotência ganhou outros nomes. Ganhou o nome de *marketing*, de *merchandising*, mil nomes ingleses, quando na verdade o que existe é prepotência e exacerbação. Quer dizer, são pessoas que ficam sentadas no seu escritório, vivendo de coletas de dados que, se são perfeitas para essas áreas, imagine pra área da sensibilidade! Há poucas pessoas no país que têm autonomia. Eu posso dizer que tenho autonomia porque sou mais impertinente e petulante do que eles todos.

Jogo da Verdade — *Teve alguma música que você queria gravar e disseram "não"?*

Elis Regina — Muitas. Não só isso, porque isso daria um certo trabalho aos departamentos jurídicos dentro da gravadora, como músicas gravadas que tiveram de ser retiradas do disco por motivos de força maior, alheios completamente à nossa vontade. Digamos censura, para ser mais claro. Além disso havia a preocupação de reconquistar coisas perdidas. A gente se distanciou um pouco do chamado grande público, que não tem o mesmo tipo de preocupação que nós tivemos em certa época de rever os nossos amigos, de brigar por uma série de coisas a que dávamos importância. Éramos de uma outra geração, que foi criada em função dessas coisas todas. Nos sentimos castrados porque não tínhamos e brigávamos para que elas voltassem. Então, era importante essa briga pra gente. Isso, de certa forma, fez com que a gente se afastasse de uma linguagem mais clara, até porque ela não podia, em hipótese alguma, ser usada. A gente usando meias-palavras, bêbados e equilibristas, e "de repente" quem falou mais difícil foi quem chegou mais rápido e ganhou o espaço que não tem nada a ver com a rapaziada da produção independente e que é outra história.

Jogo da Verdade — *Você tem oportunidade de acompanhar os independentes?*

Elis Regina — Alguma coisa me chama a atenção. Arrigo, o Itamar é uma pessoa que me chama a atenção. Já no próprio festival que a Cultura fez, talvez eu tenha sido uma das poucas pessoas em São Paulo que tenham ficado absolutamente encantadas. Quando eu dizia que gostava de *Diversões Eletrônicas*, as pessoas ficavam completamente loucas comigo. Mas como já quiseram me matar uma vez por causa do *Sabiá*, eu achei normal.

Jogo da verdade — *Os novos, os independentes, não têm procurado você com a mesma intensidade. Você ficou menos acessível?*

Elis Regina — Pelo contrário, eu estou muito mais a fim do que antes. O próprio Arrigo chegou num momento em que ele percebeu que a contracultura estava sendo assimilada, e desse jogo eu não quero participar, ser tachada de integrante da cultura oficial, que está diluindo as coisas novas. Eles fazendo suas próprias coisas é muito mais saudável do que eu, mãe de três filhos, ficar fazendo essas coisas. Eu iria diluir e acho que não está certo. Acho que é preciso saber a hora de tirar o time de campo e permitir que essa contracultura estoure e auxilie a renovação geral. Loucura é loucura e é fundamental. A gente vai catando um pouco daqui, um pouco dali, e quando vê tá de cabeça feita. Isto é, estar fora da parada de sucesso, mas não deixar o espaço estar ocupado por qualquer coisa, como está. O importante é Arrigo, Itamar, Tetê, etc., terem seu espaço, estarem abrindo brechas pra quem está inconformado. Este movimento todo acontecendo em São Paulo é importante, porque aqui tudo é moderno, desde a Semana de Arte Moderna, São Paulo é moderna. Ser contemporâneo é ser paulistano. É a única música realmente urbana escrita neste país: não tem gosto de praia, não tem gosto de mato, tem gosto de concreto cinza. A tropicália aconteceu aqui. Eu moro no Planalto de Piratininga e não abro.

Jogo da Verdade — *Como você se sentia ao começar a participar, no mesmo palco, no mesmo espetáculo, no mesmo programa de televisão, com os ídolos, com as pessoas que você admirava na sua casa?*

Elis Regina — É um absurdo! É uma coisa que a cabeça "dá um nó". Você não sabe se se apresenta, se você aplaude, se você olha assim babando, se você rola no chão, se você fica contente com você, se fica contente com a vida. É um porre. Sabe, porre de ano-novo, que tudo fica mais bonito, você quer abraçar as pessoas na rua, feliz ano-novo? O ano-novo tava ali.

Jogo da Verdade — *Diga alguns nomes desses que você gamava e depois cantou junto.*

Elis Regina — Olha, Dorival Caymmi, por exemplo, que é uma história antiga, já vem da minha mãe. O Ciro Monteiro era um absurdo de pessoa. Tom Jobim, no dia em que eu vi, fiquei muda uns quinze minutos. Muita gente, muita gente que eu gostava. Não é só no lance música, não. Eu vi, por exemplo, *Deus e o Diabo na Terra do Sol* e fiquei completamente fascinada pela atuação do Othon Bastos. Um dia, encontrei com ele na Bahia e tive uma crise de choro. São essas coisas que fazem com que a gente seja uma pessoa, um filho de Deus.

Jogo da Verdade — *Você acha que tem um momento na vida de um cantor em que ele sente que passa de uma fase de cantor à estrela? Você sentiu isso algum dia? Ou isso é um processo lento que vai acontecendo aos pouquinhos?*

Elis Regina — A dificuldade é você transar com essa mudança, deixar de ser cantor pra ser o que as pessoas imaginam o que seja uma estrela. Hollywood esteve aí pra isso, né? Pra criar mitos. Então, de repente, você sempre fica achando que as pessoas acham que você toma banho em banheira com champanhe ou com leite de cabra, entendeu? Que você anda vestida de gaze e puxada por galgos russos em carruagens brancas pela avenida Paulista às três da tarde. Não é bem assim. O lance é um pouco diferente.

Jogo da Verdade — *Você faz o disco, existe a coisa humana ali naquele disco. Agora, quem quiser aquilo, mil cruzeiros. É meio complicado, né?*

Elis Regina — Mil cruzeiros não é nada. O salário mínimo é quanto? Quanto é que tá a condução? Vai comprar disco como? Agora, se você souber quanto um disco sai custando da fábrica e quanto ele chega ao consumidor, aí você fica mais louco ainda. E se você souber quanto uma gravadora gasta pra fazer um disco, e quanto uma loja cobra por um disco, você fica mais louco. E quando você escuta o pessoal dizer que o disco custa caro por causa da mordomia dos artistas, isso vai dar às raias da loucura. E quando você ouve dizer que a crise existe por causa da falta de criatividade dos artistas brasileiros, você enlouquece. Agora, eu não "tô afins" de camisa-de-força, tá sabendo? Também é muito difícil solucionar esse problema porque a solução dele depende de consenso. Consenso vem de assembléia. E quando você convoca uma assembléia vêm três pessoas. Porque enquanto houver Mercedes e luvas astronômicas, ou seja, enquanto a bolsa de valores estiver sendo municiada para a manutenção do nosso futuro brilhante, e sem maiores riscos, a gente não vai ter sequer a possibilidade de organizar uma assembléia. O que dirá debater um assunto. Então eu não sei o que fazer. Eu sei é que a gente não pode formar caravanas para ir ao Ministério da Educação pedir pelo amor de Deus que o disco não seja taxado como supérfluo. Quem tem de fazer isso é o dono da gravadora. Mas tem nego que vai, o que se vai fazer? Eles são manipulados a esse ponto, de brigar pelos interesses do patrão. Eu não vou brigar por um interesse do qual eu recebo 10%. Quem tá com os 90% que vá lá brigar!

Jogo da Verdade — *Alguns anos atrás, seis ou sete anos, você iniciou uma luta. Fundou a ASSIM (Associação de Intérpretes e Músicos), com o intuito de solucionar o problema da classe, porque os músicos, desde 1967, têm o direito autoral arrecadado e até hoje músico nenhum recebeu esse direito. E você, com o espírito de Joana d'Arc, quis de alguma forma tentar resolver. Eu pergunto pra você: valeu a pena?*

Elis Regina — Parece que os músicos não se deram conta ainda da extensão do seu próprio problema. Eu acho que não se deram conta por várias razões, talvez até a única desculpa que se encontre é o tipo de pressão econômica que paira eternamente em cima da cabeça dos músicos, a necessidade de sobrevivência, a conta da luz no fim do mês. Como é que faz? Então faz a gravação de qualquer jeito e assina aquele recibo canalha que faz com que ele ceda seus direitos perpetuamente pra gravadora. Então o direito de mão-de-obra é entregue à gravadora de "mão beijada", ela arrecada e não sei o que faz com o dinheiro. Arrecadação não existe. A Socimpro arrecada e passa para a Ordem dos Músicos, que não tem o poder de distribuição. Então o dinheiro fica ali no fundo previdenciário pra comprar cadeira de rodas, pagar enterro. A gente quer que o músico viva: não quer que o músico *morra* decentemente, e sim *viva* decentemente.

O sorriso alegre e moleque, sua marca registrada.

ELIS REGINA
Por Outros

Furacão Elis

Regina Echeverria

Eu tinha vinte e quatro anos e trabalhava havia três anos como repórter do *Jornal da Tarde*. Estava nervosa quando desci a rua Xavier de Toledo para meu primeiro encontro com Elis Regina. Ela ensaiava *Falso Brilhante* debaixo do Viaduto do Chá, sob os pés de milhares de paulistanos. O local — uma passarela suspensa — pertence à Secretaria Municipal de Cultura e abrigava os ensaios do Corpo de Baile. Fica na Praça Ramos de Azevedo e vive cheia de gente e de gatos.

Ali, Elis, César, os músicos Natan, Crispim, Nenê e Wilson trabalhavam incansavelmente sob as ordens de Miriam Muniz, diretora. José Carlos Viola trabalhava com o corpo. Exercício, muito exercício. O psiquiatra Roberto Freire dava assistência. Quando a "barra" dos laboratórios propostos por Miriam Muniz pesava, Roberto intervinha. Quando o gênio e temperamento de Elis e Miriam se cruzavam como chispas, ele mediava.

Naquele começo de noite, descendo a Xavier de Toledo, eu pensava, já meio desnorteada: será que ela vai gostar de mim? Era um absurdo total, já que eu tinha a estranha sensação de que algo de grave poderia acontecer: tinha medo de ficar paralisada de timidez na frente dela. E o jornal? A matéria tinha de sair. Fiz uma péssima entrevista. Ela me pareceu tão segura, tão inteligente e tão interessante, que fiquei passada. Anos depois, na convivência mais íntima que tive com Elis, isso acabou: aquela pessoa do primeiro encontro não seria a mesma no próximo nem nos seguintes. Ela tinha uma conversa sempre nova e gostava muito de discutir política comigo. Adorava "meter o pau" no governo, vociferar contra as injustiças. Nos sete anos em que fomos amigas, tivemos também grandes, longas, bobas e profundas conversas sobre a vida, e eu pude ver e sentir de perto quem era Elis Regina Carvalho Costa. Saí do primeiro encontro com a cabeça quente. Fui para a redação e escrevi minha reportagem, publicada no *Jornal da Tarde* do dia 10 de dezembro de 1975, uma semana antes da estréia de *Falso Brilhante*.

(...) Elis era muito articulada. Sabia propor e defender idéias. Às vezes passava por profunda conhecedora de assuntos sobre os quais apenas tinha ouvido falar. Mas parecia estar sempre com a antena ligada. No dia seguinte era capaz de ensinar ao mestre o que aprendera e com um despudor desconcertante. A gente ficava pensando: será que ela está acreditando mesmo nisso? Eu hoje tenho certeza de que Elis acreditava em suas próprias histórias e fantasias. A gente que transitava em torno dela reconhecia seu poder de sedução. Era desconcertante mesmo falando verdades de cinco em cinco minutos.

Essa nossa entrevista (N.R. Concedida à *Veja*, em outubro de 1978), aconteceu na casa de Walter e Orfila Negrão, no bairro de Perdizes. Era uma espécie de segunda casa de Elis. Sem telefone na Cantareira, era na casa dos amigos que recebia recados e chamadas. Orfila, nessa época, mudara de atribuições, mas continuava trabalhando com Elis. Agora era ela quem cuidava dos negócios pessoais da amiga. Foi ela quem vendeu a casa do Brooklin, quem comprou o apartamento da avenida Paulista — onde se instalou a TRAMA — e quem aplicava o dinheiro de Elis.

E Elis ocupou tanto espaço nesta casa, que provocou o ciúme da filha mais velha do casal, além de perturbar a sua rotina. Promovia festas, churrascos, reuniões de gravadora, entrevistas coletivas, e se esquecia de avisar os donos da casa. Embora constrangido, já que precisava trabalhar em casa, Walter Negrão se deliciava com a sua hóspede. Ele adorava conversar com ela e, de certo modo, se sentia gratificado com o prazer de estar no convívio com Elis.

Na entrevista, perguntei a Elis uma coisa que me intrigava: quais eram as imposições de cima pra baixo de que tanto reclamava. Ela disse:

— Eu falo isso porque, quando "pintei" tinha vinte anos, e nem sequer me permitiram, num determinado momento, fazer as estripulias normais de uma adolescente. Já começaram jogando uma sobrecarga violentíssima, que talvez eu tivesse condições de arcar com ela só agora, aos trinta e três anos. Foi uma violência, mas se foi cometida, eu permiti. No fim, uma mão lava a outra. E as diversas fases pelas quais fui passando determinavam-se, evidentemente, por um processo de amadurecimento e também por sufocos momentâneos. Parti do princípio de que uma cabeça conturbada não consegue organizar atos lúcidos. Então acho que corri ao sabor do vento numa determinada época da minha vida. Mas agora, quando estou agindo, agitando, sentindo capacidade para desenvolver, criar, retomar e iniciar uma série de coisas, não é possível fazer julgamentos. Eu ouvi pessoas dizendo que o Chico Buarque "já era" quando tinha vinte e cinco anos de idade.

Uma das coisas mais interessantes que Elis me disse nesse dia foi sobre a fase em que se apaixonou pelo som da própria voz:

— Quer dizer, uma pessoa estrábica, baixinha, gordinha, tudo ao contrário, e, de repente, vira a Cinderela. E Cinderela mesmo, com abóbora à meia-noite e fada madrinha — que era a TV Record, *O Fino da Bossa*. Mas as pessoas não dão tempo ao tempo, não desculpam a infantilidade. Isso realmente é uma pobreza. Eu me vi, de uma hora para outra, na sala com o príncipe, e podia até ser que o sapatinho de cristal coubesse no meu pé. E uma certa bronca que tenho é que não me deram um tempo para curtir esse barato. Começou uma polêmica, em torno da minha pessoa, tão forte — sobre coisas que eu realmente tinha feito e outras que diziam que eu havia feito. E embolou, confundiu, e até organizar tudo de novo demorou uns cinco, seis anos. Se a pressão não fosse tão forte, talvez eu tivesse passado por essa fase não em cinco, mas em um ano e meio. As pessoas muito jovens, quando se sentem pressionadas demais, parece que fazem questão de reincidir no erro para mostrar que elas é que estão certas. E foi assim não só com a minha carreira, mas com a minha vida pessoal também. Até que fiquei grande, virei mãe, cresci. Já não tinha mais mãe, eu era a mãe. Aí voltei a me dar o direito de administrar minha vida e fazer dela o que bem entendesse, desde dormir com quem eu quisesse, até trabalhar com quem eu resolvesse. E até mais recentemente, a mandar em mim profissionalmente, eu ser meu próprio patrão. Acho que esse processo, mesmo lento, é uma chance que deveria ser dada a toda e qualquer pessoa. Porque, afinal, quem não deu as suas mancadas?

(...) Outros outubros virão. Elis morreu, e não há nada pior do que a sua morte. Na discussão sobre as causas que a mataram, o povo ficou de fora. Preferiu sentir a dor de sua perda e transformou seus funerais numa comoção nacional. O povo não cultua em vão seus mortos queridos. Elis, enterrada com a bandeira do Brasil no peito, cumpriu sua missão. Uma vida tão intensa e uma carreira tão intensa deixaram uma marca indestrutível na cultura do país. As rádios tocam cada vez mais as suas músicas. Um grupo de jovens se encontra toda semana na Associação Elis em Movimento, para lembrá-la. Escolas, ruas e praças ganharam seu nome. No Festival dos Festivais, da Rede Globo, quase cem compositores inscreveram músicas louvando Elis. No mês de julho de 1985, quando se inaugurou o Auditório Elis Regina, em São Paulo, dona Ercy estava lá. Embaraçada com a quantidade de políticos municipais presentes e poucos conhecidos, ela reergueu o orgulho da família Carvalho Costa ao declarar, diante das câmeras da TV Globo: "Ela merecia".

Por seus erros, por se descontrolar, por se desentender com os outros e consigo própria, Elis descobriu ao longo da vida o direito de mudar de idéia. Lutou deseperadamente por isso em seus trinta e seis anos. Ela tinha a força dos obstinados. Rompeu com a prudência e se atirou rápida e ágil em seus desejos. Fez e disse o que queria — superou acusações, rótulos, cobranças. Confundiu, anarquizou, gritou e esperneou. Não levou desaforo para casa. Foi uma mutante especialíssima, uma mulher valente, uma artista privilegiadamente talentosa.

Era mesmo um furacão. Devastadora. Comigo, ela era assim. Nessa nervosa procura de sua personalidade inteira, sem meias-verdades, Elis arrebentou meus conceitos, abriu espaços para a compreensão e me mostrou o universo sutil da alma de um artista. Finíssima lição de vida, embalada por um canto forte e brasileiro, que ainda me faz chorar quando a escuto. Maria, Maria, uma mulher que merece viver e amar como outra qualquer do planeta. Uma dose mais forte, lenta. Oito ou oitenta. Nenhuma diferença. Elis não teve a unanimidade em vida, mas na morte conseguiu-a. No palco do Teatro Bandeirantes, onde foi velada, uma platéia respeitosa pôde ver sua fisionomia serena, enfim pacificada.

A música popular perdeu sua maior porta-bandeira. Os amigos, a irrequieta mola propulsora, a que instigava, a que desnorteava. Linda e louca. Nervosa e doce pessoa, difícil de agarrar. Herdou de dona Ercy a mesma altivez. Herdou de dona Ercy a mania de não dar o braço a torcer. "Eu gosto de encher o saco dos outros", costumava me dizer. "Será que sou obrigada a aceitar quem passa pela minha frente?"

Não, Elis, definitivamente não. Não é preciso aceitar nada. É preciso apenas viver.

(Fonte: *Furacão Elis* - Editora Globo, Rio de Janeiro, 1994.)

Elis, Henfil e o Hino Nacional

Regina Echeverria

Em 1972, durante a Semana da Pátria, Elis foi convidada — ou convocada — a cantar nas Olimpíadas do Exército. Cantou. Cantou o Hino Nacional. Ela foi esconjurada pela esquerda, mas só uma pessoa se manifestou publicamente contra ela: o cartunista Henfil. No *Pasquim*, Henfil enterrou duas vezes Elis no cemitério dos mortos-vivos do Caboco Mamadô.

Segundo o testemunho de Ronaldo Bôscoli, Elis foi obrigada a cantar nessa Olimpíada sob ameaça de prisão. Ela havia dito em entrevista, na Holanda, que o Brasil era governado por "gorilas". A própria Elis me contou essa história, aumentada, romanceada, na qual ela assumia o papel de uma heroína dominada pelas forças armadas. Quando viu seu nome no cemitério dos mortos-vivos do Henfil, Elis ficou vesga. Numa entrevista ao *Jornal do Brasil* esculhambou Henfil e os cartunistas. Anos depois da briga, Henfil conta a sua versão da história:

— Foi igualzinho a hoje. De repente, os artistas são arrebanhados pelo governo, só que — eu não sabia — debaixo de vara, de ameaças, para fazerem uma campanha na Semana do Exército. O que eu vi, na realidade, foi o comercial de televisão. Me aparece o Roberto Carlos dizendo: "Vamos lá, pessoal, cantar o Hino Nacional". E, de repente, a Elis surge regendo um monte de cantores, de fraque de maestro, regendo o Hino Nacional. E nessa época nós estávamos no *Pasquim*, e eu, mais que os outros, contra-atacando todos aqueles que aderiram à ditadura, ao ditador de plantão. E voltei duas vezes ao assunto, já que ela falou sobre mim no *Jornal do Brasil*. Eu só me arrependo de ter enterrado duas pessoas — Clarice Lispector e Elis Regina. Tentaram me forçar a desenterrar o Carlos Drummond de Andrade. Não me arrependo. Pra mim, na época, as pessoas famosas eram figurinhas de revista, retrato. E eu estava criticando isso. Não percebi o peso da minha mão. Sei que tinha uma mão muito pesada, mas não percebia que o tipo de crítica que eu fazia era realmente enfiar o dedo no câncer. Quando nos encontramos anos depois, por meio de Ione Cirillo, fomos jantar numa cantina perto do Teatro Bandeirantes, e ela fez questão de sentar à minha frente. Estavam todos os músicos, e de repente ela começou a falar: "Pô, bicho, eu te amo tanto, bicho, te gosto tanto!". E eu já não gostando dessa história de bicho, porque eu não gostava do jeito como ela falava, nunca gostei. Daí me irritei e disse: "Elis, o que você está querendo dizer com isso?" Aí ela começou a chorar. As pessoas, na mesa, enfiaram a cara no prato, todos sabiam o que eu tinha feito, só eu não sabia. Ela disse: "Pô, bicho, você me enterrou", e começou a me esculhambar, dizendo que aquilo foi uma covardia, que ela estava ameaçada. Bom, tinha dois textos ali. Um deles era a explicação que ela estava me dando por estar chorando. O subtexto era: "Pô, eu gosto tanto de você, me identifico tanto com suas coisas, com o Fradinho". Ali estava uma pessoa me declarando profunda amizade. Eu não falei nada. Nunca cheguei pra Elis pra dizer que eu não tenho que saber da vida particular dela pra justificar sua atitude naquele momento. Elis nunca me perguntou se eu estava atacando porque ela estava defendendo um regime militar que queria matar o meu irmão. Jornalista nenhum do mundo tem de perguntar a Mengele se ele estava com dor de dente quando mandou matar milhões de judeus. Essa matéria pode sair no Segundo Caderno, depois. Resolvi engolir. Ela terminou de falar, entendeu o meu subtexto: "Tá, Elis, eu aceito". Na verdade, levei uma cantada afetiva numa linguagem complicada, mas ela entendeu e voltamos a conversar. O resto da mesa, César Mariano, Ione Cirillo, os músicos, levantaram os olhos do prato e jantaram entre si. Ela ficou falando só comigo. Contava uma série de coisas e, de vez em quando, voltava ao assunto. Eu, então, olhava de cara feia e ela mudava. Eu sei que muitos personagens que viveram essa história das Olimpíadas do Exército faziam isso independentemente de motivos e de pressão militar por trás. Evidente que os militares estavam pressionando o país inteiro. Eu sabia disso, os militares faziam censura prévia no meu jornal, presença física, todo dia. Foram até os militares que censuraram o cartum da Elis em que estava escrito "virundum, virundum, virundum". A referência à música não pôde ser publicada. E era justamente isso que eu estava criticando: se as pessoas não estavam resistindo à pressão, como é que iríamos segurar esse país? Bom, eu era um dos que estavam enfrentando. Então tinha todo o direito de criticar uma pessoa que ia para a televisão "se entregar". Eu não mudei em nada e ela percebeu isso. Mas me interessou a amizade daí por diante. E, mesmo antes, por que é que eu vou deixar de gostar de uma pessoa porque ela fraquejou? Bem, reinauguramos a relação e eu estava curioso. Tinha um jogo afetivo no meio disso tudo. E desde criança eu desmonto relógios. A curiosidade é uma coisa brutal em mim. Fiquei curioso com ela, mas, ao mesmo tempo, com muito medo, porque eu sabia que aquilo era um vulcão afetivo e que quem entrasse ia se afogar. Eu percebia que essas pessoas caíam no vulcão dela e que eram pessoas muito fracas também. Passei a dançar com ela com a mão no ombro. Com muito cuidado. E ela começou a me chamar muito para ajudar a bolar alguma coisa no *show*, o programa dela na televisão, na Bandeirantes. Bolei uma porção de coisas, mas o Guga mandou tirar tudo. Íamos contracenar juntos falando das greves, tínhamos bolado um jeito de um palanque pra falar de eleições e coisas assim. Enfim, comecei a participar e ela parecia querer uma relação maior do que eu queria. Ela queria que eu pudesse raciocinar com ela sobre determinadas coisas. Inclusive, no dia em que o programa da Bandeirantes foi ao ar, ela foi pra casa da minha irmã pra assistir lá. E a minha irmã, surpresa, me telefonou dizendo que Elis estava lá. Ela ficou timidíssima, encolhida na cadeira. Parecia um ratinho enfiado debaixo do cobertor. E aí passamos a, de vez em quando, ter uma relação quase profissional. Eu dava palpites, mas nunca deu pra eu entrar com as minhas idéias. E passamos então a essa vida dupla: conversar particularmente da forma mais aberta e criativa possível e nos sentindo incapazes de colocar isso em andamento. E ela, eu notava, tinha a preocupação marcada ainda pelo episódio do enterro, de me provar que ela tinha mudado. Que continuava uma pessoa de confiança ideologicamente. E me colocando isso, sem nunca ter chegado perto e dito: "Henfil, qual é a tua?" Como se eu fosse o inspetor de quem não é de esquerda, ela ficava querendo provar para mim que seu comportamento continuava de esquerda. Aí me mandava dinheiro: do *show* que fez no Canecão, inclusive pra que eu entregasse pros grevistas em São Bernardo. Me fez isso duas vezes seguidas. E muitas vezes eu tinha de sair do Rio de Janeiro e arrumar um jeito de chegar em São Bernardo. Para evitar qualquer coisa, pedi um recibo. Ela ouvia dizer que tinha um manifesto rolando, me pedia para arranjar pra ela assinar. E eu não gosto de manifestos.

Na realidade, percebo que Elis não queria me namorar. Ela queria uma relação afetiva real comigo. Havia a vontade dela de ter um irmão, da maior confiança, a quem ela pudesse contar o que contaria a uma amiga, mas como parece que não há muita fidelidade entre as mulheres... Quando a pessoa começa a te dar uma certa ascendência é porque realmente não quer ter uma relação amorosa com você. E ela queria isso

"Eu canto aquilo que amo e que me dá prazer."

comigo: alguém com quem conversar sobre todos os assuntos. Eu tenho de falar tanto de mim porque ela me elegeu pra ser uma coisa que ela queria. Ela queria muitos irmãos. Namorar, ela namorava a turma da Zona Norte. Namorava aquele cara que representava um certo risco, que não era do esquema dela. No mais, queria muitos irmãos que pudessem ajudá-la na hora em que a turma da Zona Norte estivesse exagerando. Segundo, que pudessem inventar com ela coisas que não inventaria com a turma da Zona Norte. Vários homens tiveram uma relação muito paternal com ela. O Ademar Guerra era assim. Elis queria arrumar encrenca na rua e que nós fôssemos salvá-la depois. Tinha de ser bem mais velho, bem mais "largado" para ampará-la em casa quando apanhava do namorado.

Ela telefonava todos os dias lá para casa, pra conversar sobre diversos assuntos. A partir de um determinado momento, eu não tinha mais condições de atender. Eram três ou quatro horas no telefone. Eu passei a fazer cartum com ela, ao telefone, e começou a cair a qualidade. Aí passei a "pular fora" dos telefonemas. Um dia, ela ligou, eu peguei o telefone e falei: "Oh, que saudade, quero te ver, vamos nos encontrar amanhã?" Ela marcou um almoço para o dia seguinte. Não foi. Dois meses depois, morreu".

(Fonte: *Furacão Elis* - Editora Globo, Rio de Janeiro, 1994.)

Estrela luminosa

Flávio Rangel

A galáxia da nação brasileira ficou repentinamente enevoada e sombria: apagou-se a estrela de Elis Regina.

Era uma cantora formidável, dona de um estilo, de uma musicalidade, de uma técnica tão sensível, que faziam dela, muito mais que uma voz, uma personalidade fortíssima no ambiente musical. No curtíssimo tempo em que viveu, encantou quem a ouviu, pois havia sempre alguma coisa de "diferente" na sua interpretação, mesmo quando cantava velhos clássicos, que renovava sempre, graças à permanente inquietude de sua inteligência.

Elis era uma dessas artistas marcadas por uma fome insaciável de beleza, numa permanente busca de perfeição. Tinha uma aptidão especial para enxergar aquilo que os outros não viam — e não apenas por intermédio de recursos técnicos, como a sua insuperável "divisão". Era capaz de transformar em rarefeita emoção aquilo que poderia ser apenas pieguice vulgar; era capaz de dar a impressão que pairava acima do comum da humanidade, com suas interpretações de uma cristalina distinção. Sua voz era um dom; um presente dos deuses, que ela resolveu não deixar intocado, e sim burilar, burilar cada vez mais até a exaustão.

Era uma profissional de incansável capacidade de trabalho; seus discos geralmente não possuíam apelos comerciais, e será difícil dizer, de repente, qual deles era o melhor. Esteve presente na linha de frente dos mais expressivos momentos de transição da música brasileira de sua geração; gravou os mais importantes compositores de seu tempo e tinha talento para descobrir os novos de qualidade.

Na área do espetáculo, Elis é a estrela do mais belo e importante *show* de música popular jamais apresentado no Brasil: *Falso Brilhante*, o espetáculo de Miriam Muniz e Naum

Alves de Souza, pode muito bem ser considerado como um marco; há o que foi feito antes e há o que foi feito depois desse deslumbramento. O espetáculo tinha a cara de sua protagonista: intenso e profundo, irreverente e malicioso, emocionante e brigão. E no instante em que colocava na cabeça o elmo com penacho de Dom Quixote, o palco se transformava numa síntese entre a cantora e seu inspirador.

Elis era uma pessoa discutida e polêmica: tinha grandes inimigos e grandes amigos. Era detestada por muita gente e incensada por um número igual — tal o destino de pessoas como ela, que nada tem de medíocre. Viveu num arrastão; como um equilibrista.

Tenho tido sorte nesta vida com tal tipo de pessoa. Sou amigo de um cidadão de quem já se disse ter em sua personalidade todos os irmãos Karamazov; tive a sorte de só ver-lhe o lado bom, de Aliosha. Conheço muita gente de dignidade que fazia severas restrições a Elis. Admiração pela artista à parte — e esta era unânime —, sua personalidade e seu temperamento nem sempre recebiam elogios. Ela se empenhou em fazer valer sua visão das coisas — na sua arte e na sua vida — e nesse processo se indispôs com muita gente.

Mas recebi dela, certa vez, uma manifestação de carinho que jamais esqueci. Em julho de 1968, numa das vezes em que fui hóspede forçado de um quartel, fui brindado com a gentileza de ver meus cabelos raspados. Quando saí da prisão, um grupo de amigos me levou para assistir a um *show* que Elis fazia na boate Sucata, do Rio de Janeiro. Fui me encantando com tudo o ela fazia, dizia e cantava, até o último número, que era *Samba da Bênção*, de Vinícius e Baden Powell. Depois de dar a lista dos nomes aos quais os compositores pediam a bênção, Elis acrescentou o meu, ao lado de uma série de elogios. Para quem não viveu aquela época, isso pode não ter sido muito. Mas quem sabe o que era o Brasil de 1968, entenderá que Elis se arriscou a ser presa naquele mesmo instante. Dou esse depoimento porque revela o lado

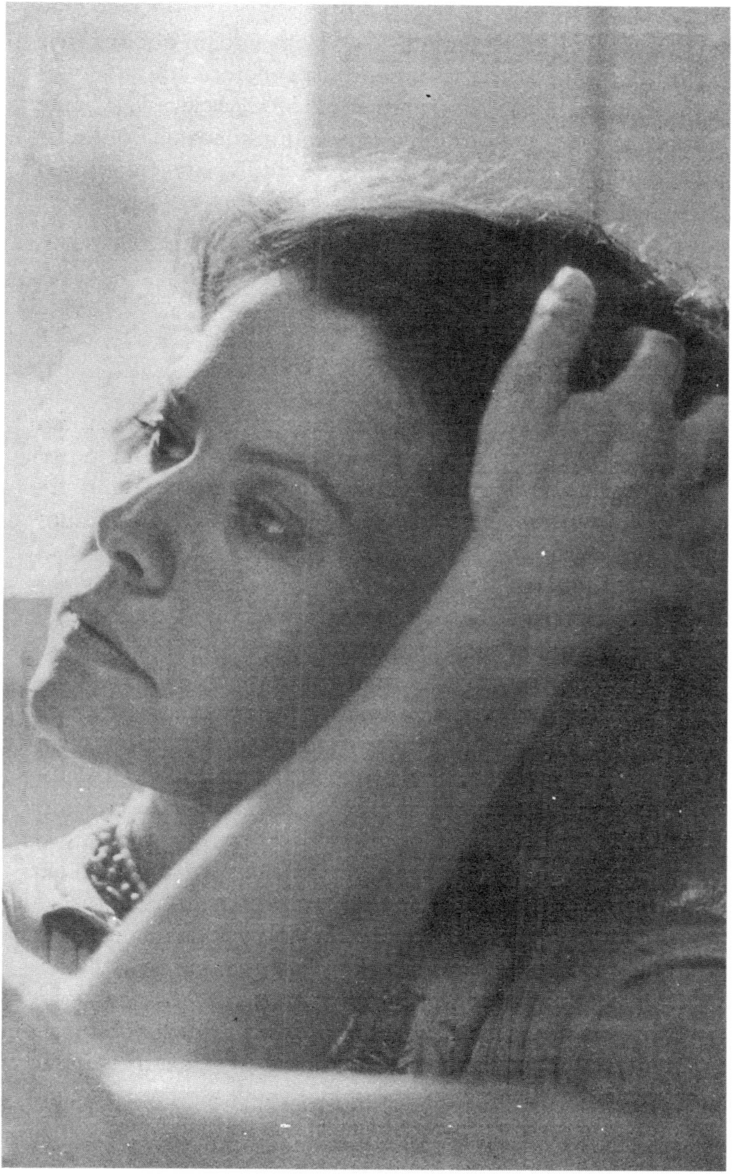

Essa mulher fez o Brasil redescobrir
o gosto e o sabor da festa, 1979.

corajoso de Elis, e para que seus filhos saibam que sua mãe tinha entre outros, o sentimento da generosidade.

Nas páginas finais de seu livro *2001*, Arthur C. Clarke diz que quando morre uma pessoa iluminada, ela se transforma numa estrela. Com a morte de Elis, convém olhar o céu: a partir de hoje, deve haver mais uma estrela — e de brilho raro.

(Fonte: *Folha de São Paulo* - 20/1/82.)

Retrato em preto-e-branco

Zeca Kiechaloski

Difícil, antipática, insegura, tímida, prepotente. Todos estes adjetivos foram usados para classificar Elis Regina sem conseguirem realmente defini-la. A opinião unânime entre as pessoas que conviveram com ela é de que era uma mulher de extremos, levando tudo às últimas conseqüências. Era capaz do gesto mais nobre, poderia praticar uma grande grosseria. "Eu conheci o sucesso sem estar preparada para enfrentar a vida." No início de sua carreira, Elis foi procurada por um empresário que queria contratá-la para um *show*. Interrogada sobre o preço do cachê, respondeu um valor considerado altíssimo pelo empresário, que retrucou: "É muito caro. Quem você pensa que é, a Barbra Streisand?". Elis, com apenas um ano de carreira, respondeu na hora: "Claro que não. Eu sou muito melhor que ela!"

Maysa jurava que Elis a teria forçado a beber mais do que o costume para que não cantasse num *show* ao lado dela. Difícil acreditar que alguém precisasse forçar Maysa a beber alguma coisa...

Quando do *Falso Brilhante*, Elis fez terapia com o psicólogo Roberto Freire, que se tornou meio o seu guru espiritual

— meses depois, Elis o tacharia de aproveitador. Outro Roberto, o Carlos, de quem Elis terminou seus dias amiga, foi acusado de infantil e debilóide.

Em 1969, declarava ao *O Pasquim* que Maria Bethânia era a maior cantora brasileira. Anos depois afirmava que somente quem realmente cantava no Brasil eram Gal Costa e ela própria. Com Bethânia comenta-se um outro incidente: estava programada uma apresentação das duas juntas, mas, pouco antes de entrarem em cena, Elis teve uma crise de choro e recusou-se a cantar. A situação foi contornada e as duas subiram ao palco. Na disputa, venceu Elis, que não escondia seu sorriso de ninguém após a apresentação, perguntando: "Quem canta melhor?"

Ao afirmar, na época da tropicália, que o movimento era uma porcaria, Elis foi obrigada a suportar todas as bocas da inteligência brasileira. Sua aversão era tanta que chegou a sugerir aos técnicos dos teatros que desligassem as tomadas elétricas para que Caetano e sua troupe não pudessem apresentar-se. Anos mais tarde, passada a fúria inicial, ela se desculparia afirmando que não estava preparada para tanto modernismo e que o movimento havia mexido demais com a sua cabeça. O perdão de Caetano: "Elis canta muito. A competência conta, e ela é mais do que isso. Muita gente prefere não gostar de Elis porque é mais fácil, mas isso não faz bem ao Brasil".

A própria Gal Costa não escapou dos arroubos elisianos: quando cantava tentando convencer a gente que era a Janis Joplin, Elis declarou que ela cantava como um tico-tico. E no entanto, quando Elis morreu, eram grandes amigas. Um dos momentos mais lindos da televisão brasileira pertence ao Especial de Gal Costa para a TV Globo, em 1981, em que as duas interpretam *Amor Até o Fim*, de Gilberto Gil. Quem tiver a oportunidade de rever esse número preste bem atenção na expressão do rosto da cantora baiana enquanto Elis canta. Está ali gravado, é só ver: uma expressão de admiração, um sorriso embasbacado de quem está diante de um mestre. Gal exprime em seu rosto toda a admiração que sentia pela arte de Elis, arte esta maior e mais importante que qualquer declaração mal-humorada que viesse a fazer.

Toda a contradição do temperamento de Elis pode também ser ilustrada com um outro fato. Durante um ano, ela foi contratada do apresentador Flávio Cavalcanti para fazer aparições semanais no programa dele. Grandes momentos de Elis cantando o tango *Uno* ou interpretando *Chão de Estrelas* aos prantos. Ao findar o contrato, durante uma entrevista, ela acusou o apresentador de atitudes não muito elogiosas. O repórter, extremamente previdente: "Mas você não cantava no programa dele? Era contratada...". E Elis: "Sim, eu era contratada do programa dele. Mas para cantar, não para gostar dele".

Naum Alves de Souza, juntamente com Miriam Muniz, um dos grandes responsáveis pelo sucesso do *Falso Brilhante*, nega-se a falar sobre o episódio dos direitos autorais. Pessoas ligadas aos integrantes do litígio hoje afirmam que tudo não passou de um mal-entendido, o qual foi parar na Justiça, segundo se comenta, por causa de apenas 5% da renda do espetáculo. Elis afirmava que os dois já haviam recebido a parte que lhes cabia, mas nada de positivo ficou estabelecido. A única coisa que consegui arrancar de Naum foi a seguinte declaração: "Prefiro guardar na memória a cantora que ela foi e não o ser humano".

Nem a apresentadora gaúcha Tânia Carvalho escapou das flechadas de Elis. Casada que foi com o ator Geraldo Del Rey e amiga de Ronaldo Bôscoli, quando de uma vinda de Elis a Porto Alegre, tentou entrevistá-la. Conta Tânia que, ao chegar ao camarim do Teatro Leopoldina, tentou se fazer reconhecer: "Elis, eu sou a Tânia, te lembras?" Elis apenas a olhava e dizia: "Você quer falar comigo?" Tânia insistia: "Elis, te lembra de Geraldo, eu era casada..." Elis interrompeu: "Você quer falar comigo?" A apresentadora, completamente desconcertada, mais uma vez insistiu: "É que eu queria ver se tu podias me dar uma entrevista". A resposta não poderia ser mais lacônica: "Mas isso você tem de tratar com o meu irmão". Tânia, atônita, olhou para o lado e viu o filho de Elis, João Marcelo que brincava com uma tripa de plástico e que havia, por engano, se enroscado. Tânia, muito atenciosa, se abaixou e disse ao garoto: "Quer que eu ajude a desmanchar o nó?" E Elis mais uma vez: "Ele está desmanchando o nó sozinho". Tânia nunca mais viu Elis pessoalmente e hoje guarda, como Naum, a imagem apenas de uma cantora extraordinária.

A Elis Regina que era capaz de atitudes como essa, também não hesitava em ter gestos carinhosos e surpreendentes.

Em 1976, Rita Lee foi presa. Elis não a conhecia pessoalmente, mas não teve dúvida de se postar defronte à delegacia onde estava aquela que seria no futuro sua grande amiga. Com seus filhos a tiracolo, Elis mandou um bilhete a Rita, dizendo que faria a maior confusão do mundo para tirá-la da cadeia. Meses depois, Rita Lee seria libertada, talvez em grande parte por influência de Elis.

Em outra vez Elis fez com que dois grandes inimigos se reconciliassem. Ela era amiga pessoal de Clodovil e de Marília Gabriela. Sem que nenhum dos dois soubesse, mandou bilhetes a ambos dizendo que acabassem com aquela briga idiota. A reconciliação aconteceu no dia da morte de Elis, quando Clodovil, no ar, emocionado, lembrou Elis e chamou Marília para fazerem as pazes.

O cantor Agnaldo Timóteo foi outro beneficiado pelo profundo amor que Elis carregava dentro de si. Agnaldo era um dos convidados do programa *Som Livre Exportação*, que se propunha a apresentar todos os gêneros de música. Quando Ivan Lins o apresentou, uma vaia estrondosa varreu o teatro. O cantor não conseguia o tom certo e chorava. Elis não teve dúvida: entrou em cena e cantou em dueto com ele, o que fez com que Timóteo fosse visto com outros olhos pelos críticos desde então. Agnaldo parece não ter aprendido a lição de generosidade, já que anda fazendo e acontecendo. Elis certamente se arrependeria do gesto que teve se visse o deputado federal Agnaldo Timóteo apoiar Paulo Salim Maluf.

Elis estava sempre disposta a ajudar seus amigos. Produziu um *show* da cantora Marlene (Marlene, lembram? Apresentava o primeiro programa que Elis fez na tevê) que foi um autêntico sucesso. Esse mesmo espetáculo foi levado aqui em Porto Alegre, no Teatro de Câmara. Era lindíssimo, e certamente tinha muito mais de Elis além da produção.

O *smoking* com que Milton Nascimento se apresentou pela primeira vez na televisão (programa *O Fino da Bossa*) foi alugado por ela, já que Milton não tinha dinheiro nem para comer, na época. Elis questionou junto à produção, bateu pé, e a voz linda de Milton finalmente pôde ser ouvida.

Os músicos a endeusavam. Não há no Brasil um músico que não tenha o maior respeito pela solidariedade que Elis lhes dispensava. Foi até presidente de um sindicato da classe, e fazia qualquer coisa para que o músico brasileiro obtivesse o direito que lhe é devido. Quando fazia o *show Saudade do Brasil*, Elis ficou sabendo que o dono do Canecão, Mário Priolli, havia negado um aumento aos músicos e dançarinos do espetáculo. Foi até o empresário e ameaçou: "Ou aumenta o pessoal ou eu paro o *show*". E o aumento foi concedido imediatamente.

É incontável a quantia em dinheiro que a cantora doou para entidades de defesa do direito autoral, sem contar com o episódio recente de um grupo de artistas que pretendia ir até Brasília tentar derrubar o projeto governamental que taxava o disco como supérfluo. Elis negou-se a ir e seu motivo fez com que o grupo retrocedesse: "Isso é defender direito de patrão. As gravadoras são quem têm de se preocupar com isso. Já chega o que tiram de nós".

Quem não se lembra que foi na voz de Elis que o Brasil inteiro cantou o hino da anistia: *O Bêbado e a Equilibrista*? Não foi por coincidência...

Muita gente afirma que Elis adquiriu essa humildade e humanidade quando do nascimento do seu primeiro filho, João Marcelo. Num sábado à noite do ano de 1970, o recém-nascido chorava de fome e Elis não sabia o que fazer. Ela havia perdido o leite logo após o nascimento do bebê, que era alérgico a leite em pó. Naquela noite, deixando de lado sua pose de estrela, de grande cantora, correu até os estúdios da TV Globo e pelo Jornal Nacional pediu por alguém que se dispusesse a amamentar seu filho. Durante dois meses Elis Regina fez uma verdadeira via-crúcis pela Zona Norte carioca, diariamente indo atrás do leite de três senhoras faveladas. Ela nunca deixou de salientar que isso foi decisivo para sua evolução como ser humano e como mulher.

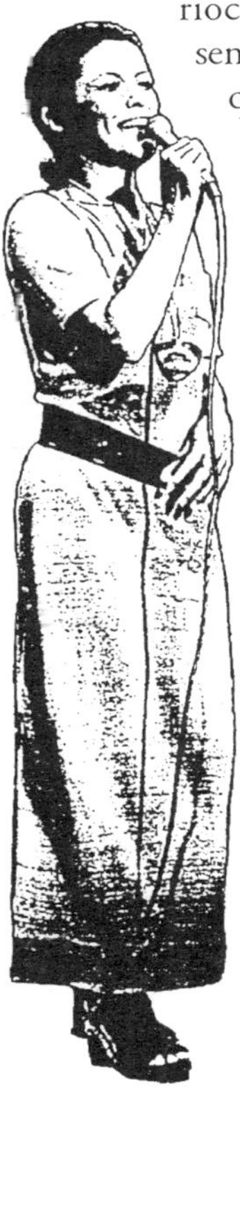

Difícil, antipática, insegura, tímida, prepotente.

Nunca ninguém conseguiu definir Elis, nem mesmo ela: "No dia em que alguém for reorganizar o seu fichário na pasta ou compartimento Elis Regina, vai ter muito trabalho. "Eu não tenho a menor intenção de ser simpática a algumas pessoas. Me furtam o direito até de escolher. Sou obrigada a aceitar quem passar pela frente. Me tomam por quem? Uma imbecil? Sou algo que se molda do jeitinho que se quer? Isso é o que todos queriam, na realidade. Mas não vão conseguir, porque quando descobrirem que estou verde, já estarei amarela. Eu sou do contra. Sou a Elis Regina de Carvalho Costa que poucas pessoas vão morrer conhecendo".

(Fonte: *Elis Regina* - Editora Tchê Comunicações Ltda., Porto Alegre, 1984.)

Elis Regina

Fernando Henrique Cardoso

Hoje eu não quero escrever sobre política. Chega de pacotes, prorrogações, reeleições, sabujices de toda ordem. Há dias em que, por respeito a sentimentos genuínos, não dá para perder tempo com tanto lixo, tanta desonestidade e tanta ousadia de mequetrefes que viram manchete de jornal por melhor servir ao poder desservindo ao país.

Morreu Elis Regina

Não cheguei a conhecê-la pessoalmente. Admirei-a de longe, como todo mundo. Recebi dela, certa vez, um bilhetinho que dizia: "Professor, será que vai receber meu voto sem nos conhecermos?" Foi no dia em que ela fez um *show* e doou a receita para ajudar a campanha eleitoral. Campanha quase sem recursos. Mas os que vieram, vieram assim, no embalo da generosidade.

Eu não pude sequer ir ao "show". Estava imerso no cotidiano da campanha, sei lá por onde nesta São Paulo imensa. Enviei a Elis um livrinho de entrevistas à imprensa. E fiquei amargando, agora para sempre, a falta do abraço de reconhecimento. Anos depois, conversamos pelo rádio. Fiz-lhe uma pergunta genérica sobre sua participação na vida política e recordei, envergonhado, minha dívida: faltava aquele abraço.

Hoje dá tristeza. Elis Regina não se interessava por política no sentido banal. Era uma intérprete, como poucas, do sentimento que há nas ruas e em cada um de nós. Não sei se jamais foi "partidária". Tinha, por certo, partido. Tomava partido. Em tudo: basta ouvir suas entrevistas. Sabia-se tímida, achava-se feia, era pequenina. E naquele peito, naquela voz, tremia muito sentimento. Das coisas fundamentais, das pessoais. No canto, não explodia revoltada contra a ordem injusta: não precisava. Bastava ser, como era, capaz do sentimento mais simples para, sem nada dizer, dizer tudo.

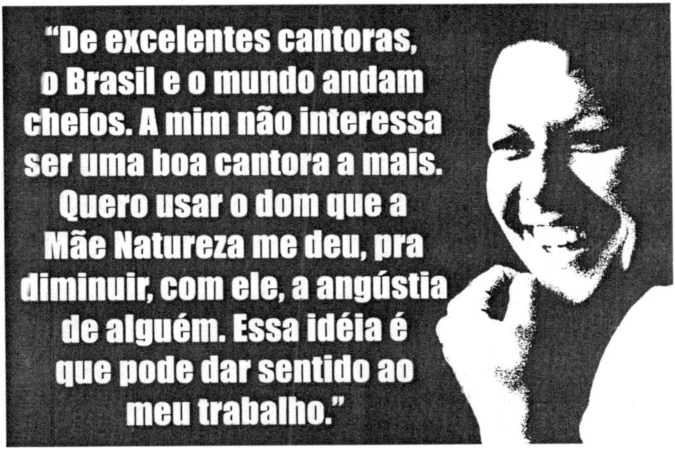

Parece que morreu no desespero. Por não saber e por respeito, é melhor não conjeturar. Morreu triste. A morte é sempre triste. Tinha, possivelmente, um livro em aberto de ajustes de contas pessoais.

Mas deixou a esperança: um país que produziu, apesar de toda a canalhice que por aí reina, uma mulher capaz de ser mensagem, e mensagem captada por milhões de pessoas, sem nenhuma demagogia e de não precisar da retórica para que todos sentissem que ela era, era sim, parte da política verdadeira, dos que querem mudar tudo para que a tristeza não esteja sempre pontilhando o sucesso de cada um, não está perdido.

Eu choro hoje pelo abraço que não dei. Choro pelo que de sofrimento há espalhado nestas ruas de São Paulo, de adeus a quem venceu sem encontrar o sossego. Mas enxugo a lágrima na certeza de que o estofo desse tipo de artista é o arcabouço de um mundo que, a despeito de tudo, ainda será construído.

(Fonte: *Folha de São Paulo* - 21/1/82.)

O revolucionário canto de uma mulher do povo

Nelson Motta

Não terão sido multidões que viram, no Rio, as finais do "Carinhoso" — festival de choros da Bandeirantes. E certamente perderam alguma coisa inesquecível, irrecuperável, insubstituível: Elis Regina cantando. Cantando Pixinguinha, criando uma interpretação de *Carinhoso* que deixou literalmente sem fala todos os que tiveram o privilégio de ouvi-la.

A quase unanimidade dos cantores brasileiros algum dia cantou ou ainda vai cantar, de uma maneira ou de outra, *Carinhoso*. A própria Elis já o gravou uma vez, adoçada por um soberbo violão de Paulinho Nogueira. Mas mesmo essa sua gravação — nos tempos do *Fino da Bossa* —, embora impecável e impetuosa, seria apenas uma pálida e estática imagem diante do que ela fez, se atreveu a fazer, se glorificou ao fazer, cercada pelo som e pela imaginação criadora de seus músicos, enquanto um júri do festival escolhia as vencedoras. A vencedora foi Elis Regina, que criou um *Carinhoso* com tantas e tais audácias vocais, harmônicas, emocionais, que se tornou um registro obrigatório entre os maiores brilhos das infinitas interpretações que o clássico de Pixinguinha já recebeu das mais competentes e populares vozes desse auri-verde pedaço. Mas a de Elis, embora para alguns possa até ser incompreensível, foi uma das raras que conseguiu acrescentar alguma coisa de belo e original à aparentemente infinitamente bela e original criação de Pixinguinha — um belo e original *Carinhoso*. Toda bonitinha, caprichando na maquiagem, bem vestida, com um novo corte de cabelo que lhe dá uma chiqueza adolescente, o rosto de mulher firme, com a boca muito vermelha. Com seu instrumento impecavelmente afinado, tenso, brilhante — poço sem fundo de todos os atrevimentos.

E cantou com uma força literalmente assustadora, uma avalancha de belezas e doçuras do canto humano.

Vocês sabem, *Carinhoso* é uma espécie de símbolo maior do choro brasileiro, seu signo mais identificável, com a força, emoção e beleza de um hino. Um hino nacional do choro. E por primitivas, nebulosas razões, muitos ainda são prisioneiros de reverencial temor diante do que não pede reverência servil, e sim amor glorificante. Elis mudou tudo em *Carinhoso*, divisões, frases musicais, harmonias, seqüências rítmicas, tudo. E — apesar de tudo — era sempre e espantosamente sempre a música que florou do coração, dos dedos e da boca de Pixinguinha. Em nenhum momento brotou sequer uma ameaça de "invenção" gratuita ou inconseqüente de Elis, daquelas que surgem só pelo prazer de "inventar" onde aparentemente não há mais nada a ser inventado — pelo menos por parte dos que não têm a rara competência exigida para esses vôos.

Só a uma intérprete de exceção, de mito, de hino, seria concedido — a essas alturas do som — concretizar uma criação a partir de *Carinhoso*, capaz, ao mesmo tempo, de revelar íntegra e obra de Pixinguinha ao explorar todos os seus lados e possibilidades ainda não conhecidos, e produzir uma criação original, absolutamente pessoal e intransferível, florescida ao vendaval do momento e da emoção. E sobre a qual se fala para ilustrar mais algumas observações sobre essa cantora rara que foi dado aos brasileiros desfrutar.

Há algum tempo, foram muitos os "especializados" que detectaram em Elis uma frieza interpretativa que seria a resultante de uma busca obsessiva de uma técnica vocal (que de resto, ela já possuía, e de sobra) a se confundir com uma fase de desorientação profissional e — por que não? — um medo de revelar as suas emoções em público, ainda que as representando em linguagem artística, ainda que dispensada dos "compromissos de luta" que tantos combatentes à sombra cobram de artistas criadores com implacável cinismo, amarga repressividade. Plenos de irresponsabilidade em plena final de festival de choro, e patrulhada pelos mais cultos e "cultos" cultores do cultural gênero, essa gaúcha atrevida esbofeteou alguns (e beijou outros na boca) com a versão de *Carinhoso*, uma tese viva das possibilidades de transformação e revolução que habitam as almas inquietas dos grandes artistas criadores, que respeitam as outras almas criadoras, não por meio de um culto servil à memória dos defuntos, mas da celebração da eternidade de suas criações, fazendo delas ponto de partida e chegada para novos atos criativos, fazendo-as semente e não monumento, usando-as como alimento e não como relíquia. A emoção que Elis colocou na sua recriação de *Carinhoso*, o misto de medo e coragem extremos que se via em seus olhos enquanto sua voz andava por regiões, timbres e ritmos ainda impercorridos da canção, a respiração suspensa de todos os que ouviam a respiração precisa da cantora, a pureza cristalina das notas imprevistas que fluíam de sua garganta, filhas da audácia e da agonia. Emoção e revolução, em tempos de frio e medo. Agonia, em seu sentido original, quer dizer "guerreiro que luta nos limites de suas forças" e não tem nada a ver com qualquer coisa ou pessoa ou idéia que esteja morrendo ou se acabando. Audácia não é gritar "abaixo a ditadura" e jogar pedra na embaixada americana, não é meter a mão em alheias cumbucas para atender, incompetente, a reclamos de militantes tristes de amargas patrulhas ideológicas. Muito mais, é ser capaz de chorar, espantar, revolucionar, fazer pensar cabeças estagnadas e emocionar corações duros, usando a arma de sua arte e sua capacidade de criação, de mobilização, agitação, movimento. E ser capaz de ser uma legítima representante do povo no que existe de mais nobre e menos demagógico nessa mítica entidade, ao fazer parte dele, ao nascer dentro dele, ao fazê-lo cantar, inovar e crescer pela sua voz.

Se nos tempos de euforia e explosão do *Fino da Bossa* Elis era a própria extroversão e emoção, na sua fase seguinte — a que correspondeu ao negro dos tempos da mudez bra-

Elis com seus três filhos: Maria Rita, Pedro e João Marcelo, 1980.

sileira — ela se dedicou a aperfeiçoar limites absurdos à já perfeição de seu instrumento e a viver a pleno um (compreensível, justo, legítimo) narcisismo vocal; o que se constata agora é o sublime momento da síntese, da "emoção domada com a mão serena e contida", como quer o poeta João Cabral, e uma filha do povo inventando canções de rua.

Além disso, Elis cantou outro clássico — *Linda Flor* (*Ay Yoyo*) — de maneira igualmente revolucionária, temperando o não menos e "intocável" e mil vezes cantado clássico de Henrique Vogeler em algo que conseguia ser ao mesmo tempo adolescente em sua emoção e ter o mesmo "perfume de renda velha, de flor em livro dormida" de que o poeta João Cabral fala em *Alguns Toureiros*. Quem viu, viu — quem não viu, dormiu. E perdeu alguma coisa impossível de ser encontrada, porque foi fugaz e foi momento — e nenhuma gravação será capaz de produzir o impacto e a surpresa de testemunhar um deslumbrante vôo de olhos abertos de uma intérprete que assassinos culturais tramaram um dia transformar em pedra que rola, a que não cria limo, como uma avalancha, "like a rolling stone", como a do poeta Dylan antes do *rock* ser revolução e muito antes da revolução ser produção.

Sobre Elis, talvez lhe caiba o que Carlos Lacerda disse, com drama e grandeza de si mesmo: "Sou ao mesmo tempo o touro e o toureiro".

(Fonte: *O Globo* - 25/10/78.)

Elis

Elifas Andreato

Quem me chamou pra trabalhar com a Elis foi o Fernando Faro, que dirigiu o *Trem Azul*. Eu e a Elis nos evitávamos. Ela imaginava que eu fosse metido a besta e eu imaginava a mesma coisa dela. Onde ela aparecia eu procurava sair, procurava não ser apresentado. No convite do Faro, relutei muito. Eu admirava a Elis demais e queria ficar na minha, comprar os discos dela, ver seus *shows*... mas conhecer pessoalmente, bicho, com todas as histórias que contavam dela, era dose. Eu faço isso normalmente com as pessoas que curto, eu evito conhecer porque têm defeitos como a gente e não têm de estar no pedestal em que você as imagina. Relutei com a Elis, mas me sentia atraído. O Faro me tranqüilizou, dizendo que ela estava ótima, legal. Conheci a Elis na casa dele e no dia seguinte já fiz uma maquete do cenário para o *show*; ela ficou muito impressionada e disse: "Puxa, até que enfim achei um cara como eu, um cara que trabalha".

O primeiro contato foi uma coisa meio fria. Foi no Canecão que começamos a nos conhecer mais e ela confessou que me achava uma pessoa meio metida a besta, meio entojada. Mas confessou também que curtia meus trabalhos como eu curtia os dela. Eu sabia, por exemplo, que ela comprava cartões meus e os usava como cartões de Natal para a TRAMA. Soube que ela curtia as capas dos discos; dizia até, brincando, que certas pessoas não mereciam as minhas capas. Disse que o que eu desenhava tinha muito a ver com ela, que a emocionava. Nessa época pintou a separação do César e todo o problema que envolvia isso, a quebra de contrato com o Canecão, a ameaça de não estrear, aconselhada por mim, Rogério e Faro. Ela só queria essa dica para virar a mesa. Daí essa situação toda começou a exigir da gente e dos músicos uma atitude mais solidária com ela. A temporada no Canecão foi uma coisa muito bonita e a gente se deu muito bem. Não sei se com o tempo nossa amizade fosse se abalar, mas como não houve tempo para isso, infelizmente, a gente só se curtiu, foi uma amiga incrível e de uma inteligência incomum. Foi lindo. Foi com ela que percebi algumas coisas fundamentais na vida da gente. A condição do artista: de que, apesar de se saber bobo da corte, cantar até que lhe tomem os guisos. E eu senti que o pior momento de Elis sempre era a volta do palco pro camarim. O vazio que ficava quando ela saía do palco, e quando passava aquela linha de trás, ficava um ser humano vazio, sem ninguém pra ver. Ali, depois que as pessoas saem, você fica sozinho, vai pra casa sozinho. São os dois extremos. Você, alguns minutos antes está ali, aplaudido, amado, e quando você sai fica ali só, absolutamente só. E você tem de ir pra casa, a vida continua, tem o outro lado. E nessa época não havia essa continuação. E era a coisa que mais incomodava Elis. Era uma coisa que eu sabia. Tanto sabia que eu ficava sempre no camarim antes do *show* acabar, pra que ela me encontrasse no camarim ou na porta do camarim. Porque era uma coisa que pesava muito, porque a solidão do artista é muito grande, especialmente de um artista como Elis, que era carente, mal entendida. E ela entendia porque eu estava ali. Eu digo isso e as pessoas podem dizer: "Esse cara fica falando essas coisas agora que ela morreu", que estou querendo fazer média, mas tudo bem. Eu fiz a *Semana Elis* por isso, sabe, eu fiz e digo isso porque minha mãe é espírita e me disse que a Elis sofria muito onde ela estava. Que ela não se conformava com a morte. Eu não acredito nisso, não sou espírita, sou ateu, materialista. Mas a Elis que eu conheci, que eu não pude conviver mais, que a tragédia me roubou... então eu sou uma pessoa que me acho na tranqüilidade de falar da Elis de um jeito que acho que pouca gente pode falar. Porque não só entendi a Elis nesses poucos meses que convivi com ela como ela também me respeitou. Não era só pelo profissional. Ela era um ser humano que conseguia entender as coisas que a maioria das pessoas nunca entendeu. E isso por um monte de razões, eu acho. A Elis tinha um temperamento forte, era geniosa e ninguém pisava no calo dela.

Eu fiz a *Semana Elis* por várias razões. Pela minha mãe que acredita que Elis esteja sofrendo onde está, pelo meu filho que me deu a notícia da morte dela quando cheguei em casa. Ele conhecia a Elis porque ia nos ensaios comigo e me disse chorando: "Pai, tem uma coisa triste que aconteceu, a Elis morreu. Por ela, é claro, porque foi, e tão cedo não será substituída, a melhor cantora desse país, e porque ela foi a única pessoa que teve a coragem de se assumir como mulher, como artista, num país de machões e de fascistas, e porque foi uma amiga que "de repente" foi comigo uma pessoa incrível. Teve comigo atitudes dignas, decentes, a ponto de me ligar na noite de Natal para falar de um desenho meu, teve um carinho por mim que me fez retribuir isso tudo, não porque ela era uma pessoa importante, mas porque ela era um ser humano sensível, que tinha afinidade com minhas coisas, minhas criações, que me respeitava como artista. E porque esse país não tem memória, porque se passasse mais um ano nunca mais seria possível fazer nada.

Ultimamente ela me dizia que estava no ar, sentia-se sem apoio. Isso talvez não tivesse solução nunca, pela própria personalidade dela. Mas é uma opinião muito pessoal. Acho que mais cedo ou mais tarde ela voltaria com o César, porque eu achava que era uma união perfeita, bonita. E eu dizia isso pra ela. Mas não deu tempo. O que sei é que comigo ficam as lembranças mais bonitas, mais tocantes dessa mulher-música, dessa mulher corajosa.

(Fonte: *Informativo Elis em Movimento*.)

Dez anos sem a Pimentinha

Cláudio Accioli

No dia 19 de janeiro de 1982, o país inteiro, perplexo, custava a crer na notícia que recebia: morreu Elis Regina. Calava-se a primeira voz da música popular brasileira, milhões de pessoas emudeciam de emoção. *Manchete* reconstituiu toda a polêmica sobre a morte daquela que é considerada a maior cantora do Brasil, seus últimos momentos, as imagens que marcaram sua vida. Como as de tranqüilidade, em 1980, na companhia dos filhos João Marcelo, Pedro e Maria Rita, na "casa ecológica" da Serra da Cantareira, São Paulo, ou as do *Trem Azul*, seu *show* de despedida. Aqui, vida e morte de um mito.

Daqui a pouco, as águas de março vão fechar um novo verão. O décimo, desde que se calou a voz mais afinada da música popular brasileira, marca registrada da bossa nova. Sua dona, uma pequena gaúcha de 1,53 m de altura, desembarcou no Rio de Janeiro, em 1963 com dezoito anos de idade e Cr$ 36 mil na mala. Pimentinha, apelidaram-na por seu estilo nervoso e agitado. Em pouco tempo, cantou tanto e tão bem que se tornou unanimidade nacional. Lançou nomes desconhecidos, como um certo baiano chamado Gilberto Gil e um mineiro de nome Milton Nascimento, encantou festivais e "explodiu" em *shows*. Mas, no auge da fama, pregou uma peça em todo o mundo.

No dia 19 de janeiro de 1982, uma terça-feira, Elis Regina Carvalho Costa era declarada oficialmente morta. Choque seria pouco para descrever o impacto da notícia em todo o país. Morria, aos trinta e seis anos de idade, sem sombra de dúvida, a melhor cantora brasileira, com 27 LPs gravados, 14 compactos simples e 6 duplos, num total de quatro milhões de cópias vendidas. Deixava três filhos: João Marcelo, fruto do primeiro casamento, em 1967, com o compositor

Ronaldo Bôscoli; e Pedro e Maria Rita, de sua união com o tecladista e compositor César Camargo Mariano, com quem vivera por nove anos. A *causa mortis* chocava e confundia ainda mais: ingestão combinada de álcool etílico e cocaína. Pelo menos essa foi a conclusão a que chegaram os legistas do Instituto Médico-Legal, após realizarem os exames toxicológicos. O laudo despertou grande polêmica. De imediato, foi rechaçado pelo último namorado de Elis, o advogado Samuel McDowell de Figueiredo: "As revelações contidas não coincidem com os hábitos de Elis", disse ele na época.

Dia 18 de janeiro de 1982, bairro dos Jardins, São Paulo. Após se despedirem do tecladista Natan, Elis e McDowell sentaram-se à mesa de jantar. A conversa começou branda, a respeito dos assuntos mais importantes da vida da cantora; a mudança para uma casa na rua Chile, Jardim América, a escolha do repertório do próximo disco, o casamento... Samuel ponderava, Elis se irritava. A certa altura, demonstrando seu aborrecimento, Elis pegou uma capa de disco, colocou-a entre si e o namorado e fingiu ler. Foi o bastante para que Samuel se levantasse e fosse embora para casa. Por volta da meia-noite, ligou para a cantora e deu continuidade à conversa interrompida na jantar. A discussão recomeçou e Elis bateu o telefone. Cinco minutos depois, arrependida, ligou de volta para Samuel. Seguiram-se ofensas, frases ácidas e nova interrupção. Samuel insistiu e tornou a ligar, uma, duas, dezenas de vezes, até as três horas da manhã, sem resposta. Desistiu e foi dormir.

Daqui para a frente, o relato fica a cargo da jornalista Regina Echeverria. Autora do livro *Furacão Elis*, ela conheceu a cantora durante uma entrevista, em 1975, tornando-se sua amiga inseparável e biógrafa. Em suas palavras, os últimos e dramáticos momentos de Elis: "Às nove e meia de terça-feira, 19 de janeiro, toca o telefone no escritório do advogado Samuel McDowell de Figueiredo. Era Elis. Recomeçava a discussão sobre o casamento e a mudança. Ela contou que passara a noite em claro. Samuel conseguiu fazer com que Elis o ouvisse. Claro que ele queria se casar e morar com ela. Depois de muitas explicações, ela pareceu ceder. Suave e amorosa, dizia do outro lado da linha: eu te amo, você é o homem da minha vida. Samuel notou que a voz dela passou a soar meio pastosa. As palavras saíam aos arrancos, incompletas. E, de repente, silêncio. 'Alô, alô', ele gritava. Nada. Nem um som. Aflito, desligou e discou para a casa dela. Ocupado. De novo. Sempre ocupado.

Não teve dúvida. Saiu do escritório, pegou um táxi e rumou para a rua Melo Alves. Encontrou a empregada e a babá com Pedro e Maria Rita no *playground* do edifício. João Marcelo estava na sala, ouvindo música bem alto, para acordar a mãe. A porta do corredor que dava para a suíte de Elis estava trancada. Samuel e o menino arrombaram a fechadura. Nova porta trancada, a do quarto. Novo arrombamento. Ambos viram Elis caída no chão, entre a cama e a estante. De lado, fora do gancho, o telefone. Samuel afastou João Marcelo, entrou, fechou a porta, abaixou-se e sacudiu Elis. Ela não se mexia. Nenhum sinal de vida: 'No Hospital das Clínicas, levei os documentos da Elis para fazer a ficha enquanto uns cinco, dez médicos pulavam em cima dela. Foi tudo muito rápido. Deve ter demorado quinze, vinte minutos. O médico chegou para nós e disse: ela não agüentou'.

Celina, a secretária, correu então para o telefone e ligou para os amigos mais chegados. Desnorteados, foram chegando ao hospital. Ninguém sabia o que fazer. Como Elis não tinha morrido de causas naturais, tornava-se obrigatório fazer uma autópsia. Enquanto seu corpo era encaminhado ao Instituto Médico-Legal, chegava o irmão, Rogério. Ele acabara de ouvir a notícia no rádio do carro.

A mesma notícia que se espalhava por todo o Brasil não podia, infelizmente, ser desmentida."

Elis voltava ao palco do Teatro Bandeirantes, onde, seis anos antes, apresentara, durante catorze meses, o *show Falso*

Brilhante, maior sucesso de sua carreira. Nesse mesmo palco, ela seria velada toda a noite e madrugada por cerca de 60 mil pessoas que se derramavam em longas filas pela avenida Brigadeiro Luis Antônio. A aglomeração continuou no Cemitério do Morumbi, onde o corpo foi enterrado.

Dez anos depois, a polêmica permanece: o que matou Elis Regina? Suicídio? Se houve, só ela conheceu os motivos — e sepultou-os em seu túmulo. Um inquérito foi aberto para apurar essa possibilidade, ou mesmo se teria havido induzimento ao suicídio. No dia 25 de fevereiro de 1982, ele acabou arquivado sob a conclusão de que "a prova colhida não demonstra, nem mesmo em tese, o delito de induzimento, instigação ou auxílio ao suicídio, mesmo porque não se pode falar, com segurança, em suicídio". Demora no atendimento? À época, a médica Elizabeth Nicodemo relatava: "a paciente chegou com parada cardiorrespiratória. Todo o trabalho foi acompanhado pelos médicos Fernando Gouveia de Proença e Luiz Bacala, ambos diretores do hospital. O doutor Álvaro Machado Jr., médico de confiança da família, também esteve presente. Todas as tentativas para reanimá-la foram feitas. Ela ainda não apresentava rigidez cadavérica. Suspeita-se, ainda, do laudo do IML, assinado pelo então diretor do órgão, doutor H. Shibata. O mesmo que, em 1975, havia assinado o célebre laudo sobre a morte do jornalista Wladimir Herzog, declarando-o suicida sem ter examinado o corpo. Atuando como um dos advogados da família Herzog, Samuel McDowell de Figueiredo, o namorado de Elis, conseguiu provar que a União era a responsável pela morte do jornalista. Sete anos mais tarde, especulava-se sobre a possibilidade de o legista Shibata estar tentando ir à forra, complicando a vida do advogado Samuel.

Elis Regina sempre se manifestou radicalmente contra o uso de qualquer tipo de droga. Mas se, de fato, se envolveu com cocaína — provavelmente um ano antes de sua morte, durante uma viagem aos Estados Unidos — era um assunto exclusivamente dela. E, na verdade, ninguém em sã consciência pode afirmar que essa eventualidade tenha peso decisivo na biografia da cantora. Como define Regina Echeverria: "ela não ficou marcada por isso, como Janis Joplin, por exemplo. O talento dela foi maior do que o acidente". Com certeza, é muito mais fácil se lembrar da Elis "elétrica", com voz e presença que a transformavam em verdadeiro gigante no palco. Em entrevista à *Manchete*, há um ano, Ronaldo Bôscoli relembrava o perfil da companheira: "Ela foi a mulher mais forte e pungente da minha vida. Só que era uma pessoa ciclotímica, com uma instabilidade emocional enorme. Eu não sabia que ela estava naquele estado. Se soubesse, teria ido a São Paulo para buscá-la e tenho certeza de que teria trazido Elis para o Rio de Janeiro. Quando ela morreu, levei o maior susto. Elis foi a pessoa mais "careta" que já conheci e namorei. Eu até tinha de beber escondido".

Regina Echeverria — que discorda de algumas opiniões de Bôscoli sobre Elis — está relançando, em junho, a biografia da cantora: "Vou atualizá-la e acrescentar entrevistas. Quero falar com Tom Jobim, com quem não tive oportunidade de conversar, e entrevistar novamente Milton Nascimento, que, não sei por que, ficou muito magoado com o livro".

A autora de *Furacão Elis* vocaliza ainda, um sentimento de inconformismo que, se está presente, não é publicamente manifestado pela imensa legião de fãs da cantora. Dez anos depois de sua morte, Elis Regina foi esquecida: "Suas músicas não são mais tocadas em rádios, em trilhas de novelas, nem vejo calouros cantá-las em programas de auditório. Nos primeiros cinco anos após sua morte, ela ainda continuou em evidência. Mas, depois desse período, foi esquecida". De fato, uma breve consulta aos arquivos comprova totalmente a precisão cronológica de Regina. Até 1987, as homenagens a Elis Regina se multiplicaram. Em 1983, a missa em sua memória reuniu mais de quatro mil pessoas na Catedral da Sé, em São Paulo. No ano seguinte, também em São Paulo

— sua cidade predileta — houve uma semana inteira de recordações: *shows*, exposições de fotos e cartuns, exibição de vídeos, celebração de missa e até inauguração de uma praça com seu nome. Em 1985, a própria Regina se encarregou de sacudir a memória do país com seu *Furacão Elis*. E em 1986, o evento Elis-Aniversário, idealizado por Denise Stoklos, com apoio de Christiane Torloni e Dênis Carvalho, reviveu o espírito da cantora que, em 17 de março daquele ano, estaria completando quarenta e um anos de idade. De 1987 em diante, muito pouco, ou nada, se fez. A não ser a edição de alguns vídeos e os relançamentos de álbuns da cantora.

Mas, se como disse Regina Echeverria, o talento de Elis Regina transcende os fatos que envolveram sua morte, também supera em muito a falta de memória nacional. Elis veio, viu e cantou. Encantou e ficou. Com a certeza de quem, frasista irreverente, se permitia debochar da modéstia e afirmar: "Eu sou a maior cantora do Brasil!"

(Fonte: *Manchete* - 21/1/92.)

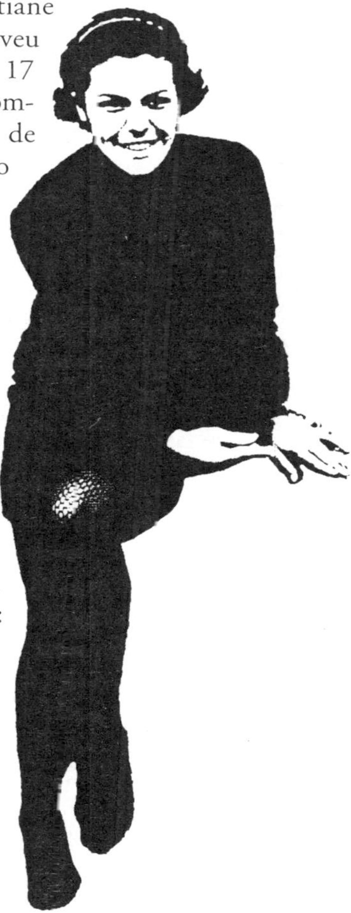

O olhar maroto de quem sabe o que quer, 1979.

Arquivo brilhante

Geraldo Mayrink

Gravações inéditas ao vivo provam que Elis Regina, aos vinte anos, já era a melhor cantora.

Faz tanto tempo, que todo mundo achava que era um caso perdido. Em 1965, Elis Regina tinha vinte anos e toda a disposição do mundo para conquistar seu próprio trono. Sabe-se que ela se consagrou cantando *Arrastão* no festival de música da TV Record, mas também que havia mais, muito mais que isso. As bases para a fulgurante carreira que teria depois, numa série de programas de televisão, sobreviveram apenas na memória do público mais velho. *Elis Regina no Fino da Bossa*, os três CDs com 72 músicas que a gravadora Velas está entregando às lojas nesta semana, são um presente quase milagroso para os fãs dela. Faz tanto tempo e, no entanto, tudo parece ter sido gravado hoje.

As imagens do *Fino* não existem mais, queimadas em incêndios ou reaproveitadas pela TV Record para gravações de jogos de futebol. Os sons foram registrados pelo chefe da sonoplastia, como se dizia então, Zuza Homem de Melo, diretamente da mesa de oito canais (hoje elas têm até 48).

Durante quase trinta anos, na forma daqueles rolos de fitas de cor marrom, que com o tempo se desoxidam e grudam umas nas outras, tornando-as imprestáveis, esses sons dormiram nos armários e gavetas das casas onde ele morou. "Gravei porque achava que estava presenciando um momento histórico", diz o produtor executivo e artístico dos discos agora à disposição do público. Estava mesmo. Que um momento desses tenha ficado esquecido durante quase três décadas, e além disso envolvendo a personagem que morreu entronizada como "a melhor cantora", é uma dessas singularidades do *show biz* brasileiro.

Carisma e cacife

Naquele tempo, como se pode ouvir agora pela primeira vez, Elis já era a melhor cantora — ou estava a alguns decibéis disso. Além do mais, andava em excelente companhia quando subia num palco. Pelo *Fino da Bossa* passaram praticamente todos os grandes artistas da música da época, de A (de Adoniran Barbosa) a Z (do Zimbo Trio, presente na maioria das faixas). Ela reuniu essa gente em torno dela, tratando-a de igual para igual, porque já tinha carisma e cacife de rainha. Para se ter uma idéia disso, em 1964 ganhava na TV Rio 30.000 cruzeiros por mês (em dinheiro de hoje, cerca de 18.600 dólares). Nove meses depois, em maio de 1965, quando pisou no hoje desaparecido Teatro Record, em São Paulo, para gravar o primeiro *Fino*, seu salário era vinte vezes maior. Agostinho dos Santos, o segundo artista mais bem pago da casa, recebia o equivalente a um sexto dos vencimentos de Elis.

Valia o que ganhava, desde o primeiro dia. *Formosa*, apresentada no primeiro programa, juntando Elis ao violão de Baden Powell e à voz de Ciro Monteiro, é uma obra-prima de balanço cantado entre risos e uma falta de cerimônia que não espanta no sambista calejado, mas surpreende na cantora novata. A voz dela é cristalina, naturalmente mais aguda do que nos anos seguintes, e sua postura audaciosa, ao fracionar — como fez em muitas outras canções — a melodia composta por Baden e Vinícius de Morais para torná-la radicalmente pessoal. Ninguém, nem antes nem depois dela, diz, com tanta graça e sensibilidade, uma frase conhecida como *Mulher que neeeega o que é para negar*. No meio da música, o velho Ciro não se conteve e encaixou lá sua saudação: "Essa coisinha linda, essa cantora que surge assim..."

Uma roda de samba reunindo Elis, Elza Soares, Agostinho dos Santos e Lúcio Alves foi ensaiada numa tarde e cantada de noite, mas dá a impressão de que o quarteto atuava junto há anos. Apresenta quatro músicas, que vão entrando umas nas outras. Quando Agostinho começa *O Morro*, de Tom Jobim e Billy Blanco, entoando *Eu conheço sua história e o passado que é só glória*, mesmo sem orquestração, Elis e Elza fazem um contraponto de efeito poderoso com *O morro não tem vez, e o que ele fez...*, mais tarde uma das marcas registradas — como o gesto de levantar os braços — de Elis ao lado de Jair Rodrigues. Este chama sua parceira de "neguinha", e ela o acaricia com um "negão". Baden, solando *Garota de Ipanema*, apresenta aqui a interpretação instrumental definitiva da música, assim como, já naquela época, Elis selava a mais densa versão do sombrio clássico *Pra Dizer Adeus*, de Edu Lobo e Torquato Neto, com o contrabaixo de Luiz Chaves entranhando na sua voz. E, de novo, nunca mais se conseguiu dizer de maneira tão arrasadora versos como *Ah, nem é bom saber, como te contar Que o amor foi tanto e no entanto eu queria dizer...*

Chiados e direitos

O tempo, que costuma ser impiedoso com arte e artistas, fez bem às gravações ressuscitadas por Zuza. Primeiro porque só com os recursos de agora foi possível o trabalho de arqueologia musical que devolve o *Fino* com uma pureza que era privilégio dos que se lembravam dele ao vivo. A fita original tem de ser desenrolada com uma atenção maníaca para então passar ao *dat*, uma fita cassete digital. Daí é projetada num vídeo em que aparece a curva correspondente a cada som e o ruído indesejável é eliminado. Numa primeira recuperação, num estúdio de Los Angeles, sobraram ruídos. Um estúdio de Dallas garantiu eliminá-los. "Se é para ser documento, vamos em frente", decidiu o compositor Vitor Martins, um dos donos da gravadora Velas, que bancou sozinha o projeto, que ao longo dos anos afastou eventuais patrocinadoras por causa da intrincada questão dos direitos autorais de tantos artistas e seus herdeiros envolvidos. As duas questões, dos chiados e dos direitos, foram resolvidas.

A demora também foi boa para a memória e principalmente para os fãs de Elis. Ouvindo essas gravações em 1978, quatro anos antes de sua morte, ela comentou com Zuza ter vivido no *Fino* algumas de suas maiores emoções. Lá também aprendeu a trabalhar em cena. "Eu era o que o Cid Moreira é no *Jornal Nacional*: uma apresentadora. Apesar de atribuirem a mim o comportamento de vestal, que ficava com o polegar para cima e para baixo, eu recebia uma ficha de apresentação com o nome dos convidados e uma ordem assim: se vira", dizia. O programa acabou em 1967, ano em que Elis saiu às ruas ao lado de Gilberto Gil, na célebre "passeata contra as guitarras" da música estrangeira. Tinha vinte e dois anos. Lembrou depois: "*O Fino da Bossa* acabou porque estava velho, não tinha fórmula nem saída. Tinha de acabar como todas as coisas na vida acabam".

(Fonte: *Veja* - 11/5/94.)

A família: "resgate da memória da MPB"

Regina Ricca

Quando ouviu as fitas originais de *O Fino da Bossa* pela primeira vez, o filho mais velho de Elis Regina, João Marcelo — nascido da união com Ronaldo Bôscoli —, lembra que, mais do que emoção, ficou feliz em perceber que a época teve um *glamour* e efervescência musical nunca vistos na história da MPB. "Pensei: pena que não nasci dez anos antes". João, vinte e três anos, é músico e diretor musical da agência de publicidade DPZ.

João Marcelo explica que ele e os irmãos — Pedro, dezenove anos, e Maria Rita, dezesseis, filhos de Elis com o compositor e instrumentista César Camargo Mariano — autorizaram essas gravações pelo enfoque que seria dado a elas. "Elis não pertence a nós. Além do mais, esse era um trabalho de resgate da memória da MPB". A "cutucada" de João Marcelo, no caso, é endereçada à Rede Globo, que tentou ano passado autorização da família para fazer uma minissérie sobre a cantora. "Qualquer pessoa que lesse aquele roteiro sensacionalista iria vetá-lo. Nem por US$ 1 milhão que eles nos ofereceram aprovaríamos aquilo. Era uma proposta indecente."

João Marcelo toca bateria e piano. Começou aos dezessete anos acompanhando João Bosco. Depois participou de gravações ao lado de Ben Jor e acompanhou o padrasto César Camargo Mariano numa edição do Free Jazz.

Ano passado, assinou os arranjos de *Mulheres no Volante*, do disco "23", de Ben Jor. Conta que o irmão Pedro lança este ano um disco como cantor. "Ele tem uma voz grave, de criolão, das melhores". Maria Rita, a caçula de Elis, vive em Nova York e se prepara para cursar jornalismo.

(Fonte: *Jornal da Tarde*-7/5/94.)

Ninguém verá Elis Regina nas telas

Marta Góes

O maestro César Camargo Mariano, ex-marido da cantora, que impediu a filmagem de uma minissérie sobre a vida dela, proíbe já novas tentativas e recusa explicações.

"Nem que fosse o Spielberg", diz o maestro e arranjador César Camargo Mariano sobre a possibilidade de autorizar qualquer filmagem que envolva a pessoa de Elis Regina, sua ex-mulher e mãe de seus filhos Pedro e Maria Rita. Há dias, como divulgou o *Caderno 2* na edição de 21/1/90, ele comunicou isso ao produtor e diretor Carlos Augusto de Oliveira, interessado em realizar uma minissérie de 12 capítulos sobre a cantora.

Elis Regina construiu uma carreira pública, foi um ídolo e, como tal, cultivou uma platéia ávida de reviver seus grandes momentos artísticos e pessoais. Que um diretor quisesse filmar sua vida era apenas uma questão de tempo. A recusa de autorização por parte do ex-marido da cantora e representante legal de seus filhos obedece a razões menos óbvias, ainda que, segundo a maioria dos especialistas em direito da imagem, devidamente amparadas na Lei. A fim de conhecer as razões de sua terminante recusa — e supondo, portanto, que elas existam — o *Caderno 2* vem solicitando desde a semana passada uma entrevista a Mariano. Na última quarta-feira, ele concordou em receber-nos, mas, como se verificou, apenas para declarar que não pretende discutir o assunto, por considerá-lo "jurídico e pessoal". E tomou cuidadosas providências para sublinhar o quanto a sua decisão é inalterável.

Na hora e no local que marcou para a entrevista, por sinal um pouco inclementes, forneceu, no lugar de respostas, uma carta, minuciosa e impecavelmente formal, em que a destinatária é generosamente referida como "prezada senho-

"Amo a música, acredito na melhora do planeta, confio em que nem tudo está perdido, creio na bondade do ser humano e intuo que loucura é fundamental. Agora só me faltam 'carneiros e cabras pastando solenes no meu jardim'. Viver é ótimo!"

ra". A carta contém o que ele se dispõe a declarar — pouco. Atém-se à sustentação legal de seu passo.

Não pôde ser enviada pelos meios convencionais — correio, portador ou fax que funciona no escritório de sua residência. E só foi entregue à destinatária após a chegada do advogado Edmur A. Nunes Pereira Neto, especialmente convocado ao encontro, "para prestar esclarecimentos", segundo o maestro.

Faltou apenas, no ritual de cautelas de César Mariano, a clássica pergunta dos enfáticos: "será que fui claro?" Essa dúvida, pelo menos, ele não deve ter. Ninguém poderá ignorar a sua obstinação. E as migalhas de informação que prestaram em uníssono, ele, sua esposa, Flávia, e o advogado só fazem reforçá-la.

— Não há qualquer restrição da família ao diretor Carlos Augusto de Oliveira, o Guga. — Mariano afirma desconhecer o episódio citado por ex-companheiros de trabalho de Elis, sobre um conflito entre ela e Guga, motivado por ele ter cortado de um especial da TV Bandeirantes a música *O Bêbado e a Equilibrista*. Guga confirma o descontentamento, mas garante que não foi ele o autor do corte.

— Nenhum outro candidato teria suas pretensões consideradas. — Não se trata de julgar se uma obra seria boa ou má para a imagem de Elis, mas de evitar que seja realizada. Entrar no mérito de um projeto seria, segundo o advogado, "cair num indesejável subjetivismo". E a exibição pública de qualquer trabalho que utilize a imagem pessoal da cantora — ele insiste — poderá ter efeitos incalculáveis sobre a personalidade de seus filhos, ainda crianças.

Os três filhos de Elis não desejam ver devassada a vida particular de sua mãe. "Não me compete ir contra a vontade deles", curva-se Mariano. Dentro de seis anos, quando a caçula dos três, Maria Rita, chegar à maioridade, eles podem rever essa decisão. "Não vou impedir", garante Mariano, que terá sido, por certo, o mais obediente dos pais.

Se, no futuro, os filhos de Elis Regina mantiverem a mesma opinião, ela será, para o público, apenas cantora — um privilegiado instrumento musical, dotado de magníficas cordas vocais, ouvido sensibilíssimo, delicadas antenas — e desprovida de história. Não se falará mais da tragédia de sua morte, que pode reavivar recordações dolorosas, nem tampouco de sua vida, emocionante, intensa e admirável.

O que torna fascinantes os ídolos é justamente o fato de, além de talentos excepcionais, eles serem figuras humanas, em tudo o que isso implica de grande e de mesquinho. O público quer conhecê-los e manifestar sua paixão, e é assim, afinal, que eles se tornam ídolos. Há uma relação poderosa entre artista e público, reciprocamente cultivada, e um jogo delicioso entre os perigos opostos da superexposição e do ostracismo. Nenhum artista deseja deixar-se devorar, mas tampouco merece ser apagado como figura humana da memória de seu país. O silêncio é mau aliado do artista e do público. Quanto aos órfãos das grandes estrelas, acalentar a idéia de que elas só pertencem a eles não reduz em nada o prejuízo irremediável de uma ausência.

(Fonte: *O Estado de São Paulo* - 27/1/90.)

Ouro de garimpo

Em dez anos de trabalho como técnico de som de Elis Regina, seu irmão, Rogério Costa, habituou-se a gravar os *shows* e apresentações da cantora num gravador que acoplava às mesas de som. Nessas gravações, em meio a muitas fitas de valor exclusivo para o arquivo de família, Rogério acabou por registrar algumas grandes atuações de Elis, que decidiu transformar em disco após a sua morte, em 1982. O primeiro desses LPs, *Trem Azul*, gravado no *show* homônimo, foi lançado naquele mesmo ano. Esta semana, chega às lojas o segundo LP póstumo de Elis, com apenas o seu nome no título, produzido a partir de um especial gravado pela TV Bandeirantes em 1976. O disco traz versões inéditas de antigos sucessos de Elis, como *O Mestre-Sala dos Mares*, e canções desconhecidas em seu repertório, como *No Dia Em Que Eu Vim Embora*, de Caetano Veloso. Mas não se trata, apenas, de simples reprodução da trilha sonora do especial. Trata-se, na verdade, de uma superprodução.

Na fita-base, a qualidade de gravação era sofrível. A partir daí, Rogério e o produtor Max Pierre, da Som Livre, lançaram-se a um projeto audacioso. Os acompanhamentos da fita original foram apagados e a voz de Elis foi transportada para uma fita profissional. A seguir foram convocados os seis arranjadores favoritos de Elis, que se encarregaram de arregimentar músicos e gravar novos acompanhamentos para a voz da cantora. Inverteu-se, assim, o processo de gravação de um disco, em que o estágio final é justamente a colocação da voz.

Bom disco

Essa inversão exigiu de músicos e técnicos verdadeiras piruetas sonoras. Elis improvisa muito, modificando a divisão da letra nos compassos musicais. Os arranjos, portanto, tinham de acompanhar essas exibições de virtuosismo e, nesse processo, até mesmo o ritmo das canções teve de ser modificado. Trechos da faixa *Corsário*, por exemplo, executados em ritmo de samba na gravação original, foram transformados em bolero. "Foi um trabalho de levar qualquer um à loucura, mas valeu a pena", diz Rogério. De fato, o disco tem um som moderno e vibrante, e em nenhum momento se nota a distância de oito anos que separa a voz de Elis dos arranjos. O resultado é, efetivamente, um bom disco, e não a costumeira colcha de retalhos em que se constitui a maioria dos discos póstumos.

(Fonte: *Veja* - 5/12/84.)

A dona da voz: grandes atuações de Elis reunidas numa fita

Os admiradores da voz extraordinária de Elis Regina, que até hoje não encontrou substituta no posto de melhor cantora da MPB, têm à disposição a partir desta semana o primeiro registro em vídeo de alguns dos grandes momentos de sua carreira. A Vídeo Ban acaba de lançar uma gravação de 77 minutos que reúne cenas dos três programas especiais que Elis gravou para a Rede Bandeirantes, em 1973, 1976 e 1978, passagens de um de seus *shows* em teatros — *Falso Brilhante* — e depoimentos de amigos da cantora sobre ela. Dirigido pelo irmão de Elis, o engenheiro de som Rogério Costa, o vídeo não recupera toda a trajetória da cantora nem exibe grandes requintes na produção — a maioria das cenas foi tomada em estúdios. Mas, em sua simplicidade, é uma excelente oportunidade para se relembrar — ou conhecer — o enorme talento da cantora. Há interpretações magistrais de Elis em canções como *Atrás da Porta*, de Chico Buarque e Francis Hime, *Cais*, de Milton Nascimento e Ronaldo Bastos,

Dois pra lá, dois pra cá, de João Bosco e Aldir Blanc, e *Águas de Março*, de Tom Jobim.

Carlos Gomes

O vídeo documenta apenas o talento de Elis, e não a sua vida. Aos trinta e seis anos, após dezoito de carreira, 27 LPs e 20 compactos que venderam cerca de 4 milhões de cópias, Elis morreu em janeiro de 1982 por intoxicação combinada de bebidas e cocaína. Mulher de temperamento explosivo, que acabou ganhando do poeta Vinícius de Morais o apelido de "Pimentinha", Elis foi uma das únicas cantoras brasileiras a combinar com perfeição emoção e técnica, firmando-se num estilo até hoje insuperável. Uma das preciosidades que a fita mostra, confirmando essas características, são as cenas do *show* de maior sucesso de Elis, *Falso Brilhante*, uma produção luxuosa que estreou em 1975 em São Paulo e permaneceu um ano e quatro meses em cartaz. O vídeo traz algumas cenas em preto-e-branco do *show* captadas por um amador para depois mergulhar na versatilidade e no colorido de Elis.

Em *Falso Brilhante*, Elis interpreta tangos e boleros, se veste na pele de Edith Piaf e de Carmem Miranda e passa segura pelas interpretações mais diversas, como *O Guarani*, de Carlos Gomes, e *Singing in the Rain*, do clássico de Hollywood *Cantando na Chuva*. Entre as canções, personalidades como Tom Jobim e Henfil dão depoimentos rápidos sobre a cantora.

O vídeo peca pela ausência de informações sobre os músicos que acompanham Elis, como seu ex-marido César Camargo Mariano, nos teclados, e por não esclarecer as datas em que os programas especiais foram apresentados. Há descuidos na produção, como a gravação de *Aos Nossos Filhos*, num saguão de universidade — cantando no chão, Elis se perde na amplidão do espaço sem que se possa ver seu rosto com clareza. Essas pequenas falhas, porém, se tornam detalhes irrelevantes diante da voz e da presença de Elis no vídeo. Se nos discos é possível usufruir melhor o canto de Elis, no vídeo há toda a sua garra, a sua entrega total à interpretação. Em um dos momentos mais emocionantes da fita, ela usa apenas a voz para interpretar *San Vicente*, sem acompanhamento de nenhum instrumento, comprovando o que já admitira certa vez: "Deus me deu voz e isso é a maior coisa que eu tenho".

(Fonte: *Veja* - 20/4/88.)

Brilhando forte

Okky de Souza

A morte de um grande ídolo provoca infalivelmente uma corrida ao que foi deixado em suas gavetas de trabalho. Resgatam-se obras incompletas ou rascunhos, que quase sempre geram obras póstumas de pouca qualidade e atendem apenas à sustentação do mito e à indústria da nostalgia. As gavetas de Elis Regina, porém, guardavam uma jóia de real valor: a gravação de *Trem Azul*, o último e melhor *show* de sua carreira. Descobriu-a seu próprio irmão, o engenheiro de som Rogério Costa, que gravou o *show* em fita cassete para uso caseiro, em sua última apresentação no Canecão de São Paulo, a 23 de agosto de 1981, portanto quase seis meses antes de sua morte, ocorrida a 19 de janeiro de 1982. A fita foi reprocessada para estéreo e cumpriu uma complicada trajetória por equipamentos de estúdio até ser transformada no álbum duplo *Trem Azul*, que chega às lojas esta semana.

Trata-se de um bom brilhante, que registra um grande momento de uma grande cantora. Elis havia rebarbado a contestação política e as canções lamuriosas, e vivia um momento de redescoberta da alegria e do humor. "Mandei embora de minha vida todas as pessoas que me faziam mal. Estou cheia de inimigos, mas feliz", ela declarou pouco antes da estréia de *Trem Azul.* Os dois LPs registram com perfeição essa virada. Elis brinca o tempo todo com os músicos e com o público, imita Rita Lee e Caetano Veloso, desfila um repertório composto apenas de canções otimistas e mensagens de alegria. Mesmo nas canções mais reflexivas, como *Se Eu Quiser Falar com Deus* e *Começar de Novo*, ela parece saborear as palavras como quem redescobre esquecidas emoções. E exibe algumas das melhores interpretações de sua carreira em *Me Deixas Louca, Trem Azul* e *Maria, Maria.*

Rara qualidade

Os LPs correm num ritmo irrequieto, alternando canções lentas e rápidas em seqüências impecáveis. Na mais divertida delas, Elis mistura uma série de vinhetas de programas de televisão, como *Fantástico* e *Jornal Nacional*, a sucessos como *Lança-Perfume*, de Rita Lee, e *Amante à Moda Antiga*, de Roberto Carlos. O resultado tem o clima e o dinamismo de um musical da Broadway.

Além de percorrer duas décadas como a melhor e mais afinada cantora brasileira de sucesso, Elis possuía uma rara qualidade: sabia escolher exatamente as canções que lhe favoreciam a voz e o estilo. É uma habilidade que Gal Costa, por exemplo, só adquiriu em seu último LP, *Fantasia.* E que Maria Bethânia decididamente não possui. Se a marca de Bethânia é a teatralidade e a de Gal, a simpatia, Elis será sempre lembrada exatamente pelo que mais está evidente no álbum *Trem Azul*, a capacidade de manter o brilho forte em meio às mais radicais e ousadas mudanças em sua carreira.

(Fonte: *Veja* - 1/9/82.)

"Eu nunca fui marionete nem nunca tive vocação para isso."

Elis Regina já não é mais o passarinho que apenas canta

César Mariano, o marido e empresário, desculpa-se: "Estamos sem babá e a Elis anda às voltas com a escola do Marcelo e a mamadeira da Maria Rita".

Duas horas após o compromisso marcado, ei-la que surge, cara lavada, nariz entupido, tamancos arrastando, um jeito de quem vai desabar se não a segurarem rápido. Do lado de fora do Teatro Ginástico, em pleno centro do Rio, a fila dos que querem ingresso para o *show* dobra a esquina e alcança o outro quarteirão. E uma Elis Regina quase beirando o desespero lança-se sobre o rombudo sofá do despretencioso camarim e "depois de tanto carinho a gente descobre que a tarada da babá deixava as crianças sozinhas e ia namorar o garagista do edifício. E olhe que a danada só tem catorze anos, me foi entregue 'em confiança', e o que é que eu faço agora se ela me 'pega uma barriga'? Que é que eu vou dizer ao pai dela?"

E as lágrimas começam a descer cara abaixo dessa gaúcha que é agora o maior sucesso artístico no Rio com seu *show Transversal do Tempo*. Os palavrões continuam a fazer parte de um linguajar que já se tornou uma marca registrada e que só tem sentido falado por ela. De repente, lembra-se de que costurou a pequena gravata da blusa que usa no *show* na posição errada. De dentro de uma bolsa, que mais parece um baú, tira linha e agulha. E a artista cede lugar à costureira, por sinal, das melhores. Dedos ágeis, boca ferina, vai respondendo às perguntas, quando dá tempo para que sejam feitas: "Aos poucos arregalei os olhos e descobri que não sou apenas um passarinho que sabe cantar só porque lhe deram alpiste na hora certa".

O *show* deverá ir até finais de maio, se o público deixar, porque as filas na porta do teatro já congestionam o trânsito. O espetáculo vem atraindo um público tão diversificado como militares fardados com suas famílias e jovem cabeludo de intenções as mais variadas. Na Europa, onde ele foi exibido em novembro do ano passado, deixou muito pêlo arrepiado. Portugal, Roma, Milão, Paris e Barcelona curvaram-se a esta gaúcha feita paulista por opção, que aos trinta e três anos recusa-se a se transformar numa Joana d'Arc à brasileira, e parte para briga com os algozes de sempre. Veterana em guerras, não se assusta, até adverte quando "cutucada": "Enganam-se aqueles que pensam poder crucificar-me, os pregos furarão suas próprias mãos..."

"Como surgiu a idéia do *show*? Aconteceu há algum tempo em São Paulo, no meio de um tremendo engarrafamento. Enquanto estava ali, sofrendo na pele e no pé os efeitos daquela loucura inventada pelo próprio homem, foi que tive a idéia do mundo em que vivemos. Passei essa idéia para o Maurício Tapajós e o Aldir Blanc (*que hoje dirigem e fazem o roteiro do* show) e eles trabalharam em cima dela. Minha maior surpresa foi quando me apresentaram o resultado: era justamente o que eu queria e havia idealizado. Melo Menezes fez os figurinos e os cenários, que estamos sempre atualizando orientando-nos pela reação do próprio público. O clima é de trânsito e o espetáculo tem um cunho jornalístico muito forte. Há muita abertura e isso permite toda uma série de criações.

A "Pimentinha" em várias versões.

O que fizemos hoje pode não ser igual ao de ontem e dificilmente será o mesmo de amanhã."

As críticas dos adversários conhecidos não deveriam lhe atingir. Mas atingem. Elis Regina cultiva a vulnerabilidade e não reclama. Agora diz-se empenhada em ajudar a regularizar a situação do músico brasileiro. As injustiças que sempre atingiram a classe são relembradas, uma a uma. O que falta à música brasileira é dito com fluência de quem conhece o problema a fundo:

"Falta muita coisa. Os 70% de música brasileira no rádio têm de ser respeitados sob pena de a gente desaprender o português. Sim, temos leis que protegem o mercado, mas, se a gente não brigar, ninguém briga por nós. É aquela fórmula de "quem está fora não entra, quem está dentro não sai". Há 80 mil músicos inscritos na Ordem de São Paulo; 70 mil estão desempregados. Ninguém quer orquestra porque ninguém quer responsabilidades com FGTS, INPS, férias remuneradas, indenizações, etc. Então o negócio é tocar fita. Custa barato e não dá trabalho. Os empresários podem até estar certos do ponto de vista deles, mas o que será dos músicos e dos artistas em geral? Sem falar nas conseqüências culturais, porque esse sistema de só fita acaba sufocando nossa cultura e impedindo o seu desenvolvimento".

Conta Elis Regina, presidente da ASSIM (Associação de Intérpretes e Músicos), que a entidade está para ser reconhecida e, sendo isso feito, ela poderá contribuir bastante para arrecadar e distribuir o direito de intérprete e do músico.

"O músico brasileiro não tinha uma entidade que o representasse e a Sombras forçou a formação da ASSIM, me elegendo sua presidente. Em termos práticos, isso significa que é mais gente brigando pelo direito de existir. Já tivemos inúmeras reuniões, algumas delas até bastante "quentes". Não sou do tipo que manda recado, digo o que tenho a dizer e tenho provas suficientes que mostrarão o quanto temos sido ludibriados durante todos esses anos pelos pelegos que se apossaram da Ordem dos Músicos e de todas essas entidades que, embora criadas para nos proteger, o que fazem é nos roubar. E descaradamente..."

Indiscutivelmente, não é mais a garota tímida de dezenove anos que esbraveja, mas uma artista consciente do seu tempo e uma mãe de família em busca da sobrevivência para si e seus três filhos. Ela diz "consciente sempre fui". E lembra que aos trintra e três anos "idade que nos traz à lembrança um personagem que deveria servir de exemplo para todos nós" — não está mais se encontrando. Agora já sabe as regras do jogo.

"Não estou sozinha nesta guerra. Há artistas do calibre de Clara Nunes, Milton Nascimento e Martinho da Vila, que também lideram este nosso movimento pela regularização da situação trabalhista do músico brasileiro. Sou contra a que se coloque a questão no âmbito do Ministério da Educação. O assunto tem de ser resolvido pelo ministro do Trabalho. Já nos reunimos com os donos das gravadoras e eles sabem que, se não nos ajudarem nessa autêntica guerra, simplesmente pararemos de gravar. O que eles acham? Não sei. Ficam nos olhando muito espantados, mas dizem que farão 'o possível' para pressionar as autoridades que lidam com o problema. É o que esperamos. Para o próprio bem deles, porque, sem nós, eles não ganham."

Elis reconhece que o mercado consumidor de música popular brasileira está se abrindo, "mas as pessoas ainda não se deram conta de que tem de investir como a gente precisa se fazer ouvir. É fundamental que os músicos recebam por seu trabalho, que os compositores arrecadem honestamente, sem panelinhas ou truques sujos, e que a rádio e a televisão brasileiras nos valorizem. É um absurdo que o compositor brasileiro, em seu próprio país, tenha direito a apenas um terço do total de músicas executadas nas rádios".

Deixando o Rio, Elis pretende seguir com o *show Transversal do Tempo* pela Europa novamente e pela América

Latina. A Venezuela lhe encanta particularmente. Muito mais o interior do nordeste e do norte do País, que lamenta conhecer pouco. Está em seus planos organizar um esquema visando a levar sua voz, sua música e sua mensagem para os apreciadores de Teixeirinha: "se Teixeirinha conseguiu a popularidade que tem, é porque levou a essa parte do nosso povo algo que este precisava. Eu pretendo pesquisar este algo e também levar o meu quinhão. Não posso ser consumida apenas pela elite. Gostaria de me fazer ouvir por este outro setor da população. Quem sabe, nas fábricas, nas ruas..."

(Fonte: *O Estado de São Paulo* - 1978.)

Falso Brilhante

Rogério (irmão de Elis), engenheiro de som e coordenador de produção, deu alguns dados sobre o *show Falso Brilhante*, seis meses depois da estréia em 17 de dezembro de 1975:

O pessoal: cinco músicos, Elis, dois atores. São 21 pessoas trabalhando todas as noites, mais o pessoal do teatro. O custo de produção foi 560 mil, pagos em três meses.

Atílio Oliveira, o gerente do Teatro Bandeirantes, também contribuiu com alguns números: a menor lotação foi na época do Carnaval — 400 pessoas. O máximo — 1.200 pessoas — foi no dia 27 de março e dia 10 de junho, com 1.180 pessoas. A média é de 1.000 pessoas. No início de junho, o faturamento bruto ultrapassou a casa dos 4 milhões.

Em todo esse tempo só houve um problema. Os cambistas, que chegaram a vender um ingresso de Cr$ 25,00 por Cr$ 250,00. "Eles são organizados, é uma quadrilha. Já me ameaçaram várias vezes de morte."

"Agora, isso eu gosto de contar: tá vendo aquela morena ali?" (e mostra uma morena na fila da entrada). Ela já deve ter visto o *show* umas 40 vezes. Muita gente tem vindo ver de novo."

Toca a campainha anunciando o primeiro sinal. Vai começar a 121ª apresentação (N.R. das 257 apresentadas) do *Falso Brilhante.*

(Fonte: Revista *Música* - julho/76.)

A dolorosa despedida de Elis

Cerca de 60 mil pessoas passaram pelo velório no Teatro Bandeirantes para dar o último adeus à cantora

Ela conhecia aquele palco como ninguém. Passou mais de um ano dando "gracias a la vida" exatamente no teatro daquele espaço, onde, na noite de anteontem, seu corpo repousava inerte. Como ninguém acreditasse que a intérprete de *Falso Brilhante* pudesse ter morrido, fãs, amigos e o povo — principalmente personagens de suas canções — foram verificar *in loco* se Elis Regina tivera mesmo coragem de abandoná-los. Infelizmente, era verdade. O Brasil já sentia saudades de Elis.

É incalculável o número de pessoas que passou pelo Teatro Bandeirantes no velório da cantora — há quem arrisque perto de 60 mil pessoas — e, igualmente, o dos fãs que não conseguiram dar o último adeus a Elis, por absoluta falta de condições. Entretanto, a entrada ao teatro foi facilitada aos amigos e artistas conhecidos, como Jair Rodrigues, Lennie Dale, Rita Lee, Marília Gabriela, Oswaldinho, Belchior, Bob Lester, Renato Borghi, Angela Maria, Hebe Camargo, Nuno Leal Maia, Fafá de Belém e Lélia Abramo.

A consternação era geral. Dona Erci, mãe de Elis, estava desesperada. Soube da notícia pelo rádio e teve de ser levada aos bastidores do teatro, assim como o pai da cantora, Romeu

Carvalho, a cantora Rita Lee, o ex-marido César Camargo Mariano e seu atual namorado, o advogado Samuel McDowell, os dois muitos abalados e chorando convulsivamente. Seu primeiro marido, Ronaldo Bôscoli, também estava muito emocionado e, logo ao chegar, dirigiu-se ao caixão, inconformado, abraçando McDowell. "Era a maior cantora do Brasil. Ainda não acredito que ela morreu", repetia.

Enquanto a multidão, lá fora, aguardava nas filas duplas, funcionários do teatro não paravam de trazer para o palco *corbeilles* enviadas por Roberto Carlos, Nei Matogrosso, Edu Lobo, Gilberto Gil, Chacrinha e pelo Partido dos Trabalhadores, entre outras quase 300, que transformaram o triste ambiente num cenário próprio para quem demonstrou uma vitalidade singular em sua carreira.

Houve quem não resistisse. Diversos populares foram levados às pressas para a ambulância que a Secretaria de Higiene e Saúde colocara à disposição do público. Mães com crianças no colo passaram a madrugada na porta do teatro e crianças foram feridas, porque alguns fãs incontroláveis queriam, a todo custo, ver Elis pela última vez. Antes da meia-noite, o efetivo policial já contava com quase 20 homens só na porta do velório.

Dentro do teatro, porém, quase não se registraram tumultos, embora, por volta de uma hora da manhã, quando o caixão foi aberto para limpeza — a tampa de vidro embaçara e não era mais possível ver o rosto da cantora — houve uma ligeira confusão, porque todos queriam ver Elis. Angela Maria, que chegara um pouco antes, chorou, dizendo que "nunca haverá substituta para ela". Todos os compositores novos que foram ou deveriam ser lançados por ela — Paulo Garfunkel, entre eles — concordavam. "Foi a única cantora que se preocupou em descobrir novos talentos", disse Garfunkel.

Trinta mil seguiram o cortejo fúnebre

Muita emoção, gritos, desmaios e reclamações marcaram o final do velório. Milhares de pessoas que se encontravam ainda na fila de visita não se conformaram quando, por volta das dez horas, os cordões de isolamento das portas do Teatro Bandeirantes foram definitivamente lacrados. A família queria ter o direito de passar a última hora que antecedia à saída do enterro junto com ela, o que acabou não acontecendo. Na rua, a população, carregando lenços, faixas e rosas vermelhas, gritava "queremos ver Elis", e lá dentro todos se uniram num coro alto para homenagear a cantora com alguns de seus maiores sucessos: *Upa Neguinho, Alô, Alô, Taí, Carmem Miranda, Madalena, Dois pra lá, dois pra cá, Carinhoso, Saudosa Maloca.*

Às 10h20 César Camargo Mariano, ex-marido de Elis, ao lado dos dois filhos do casal (Pedro e Maria Rita), pediu silêncio ao público dentro do teatro, para rezarem, no que foi atendido prontamente. Às 10h26 chegaram dois caminhões do Corpo de Bombeiros, enquanto um helicóptero sobrevoava a área. Muitos observavam do prédio em frente, jogavam flores e papéis picados. Os bombeiros ajeitaram as 200 corbeilles de flores na carroceria e, às 10h50, o esquife passou pelo corredor humano e foi colocado sobre o caminhão. O cortejo saiu às onze horas, com dois mil carros, vinte batedores à frente e milhares (falou-se em 30 mil) pessoas a pé, avenida abaixo.

O trajeto preparado pelo DSV foi cumprido. Apenas o cortejo gastou mais tempo que o esperado, pois o público decidiu acompanhar caminhando, o que obrigou as viaturas a andarem devagar, até a avenida 23 de Maio. Nas proximidades da nova Biblioteca Pública, o caminhão de bombeiros tentou acelerar e não conseguiu, por causa dos pedestres. Mais adiante, perto do Detran, a viatura ganhou mais velocidade

(60 km/h), deixando para trás a população, que começou a pedir carona. Às 12h20 o féretro chegou ao Cemitério do Morumbi, onde um veterano de 1932 (que Elis havia conhecido no Rio havia alguns anos), a esperava com sua corneta para tocar *Missão Cumprida*.

Muito desconsolo e emoção no enterro

"Que Elis seja recebida no céu pelos anjos". Esta foi a última oração do padre Carlito Spadolini, diante do caixão da cantora Elis Regina, sepultada no túmulo 2.199, quadra sete, setor cinco do Cemitério do Morumbi, na presença de familiares, amigos, artistas e cerca de três mil pessoas.

Em seguida, o túmulo foi coberto de terra e coroas de flores. Alguém jogou, ainda, uma poesia de despedida. "Eterna será tua voz. Luz de estrela não se apaga. Indelével morte atroz. Supra a dor que o canto afaga". A encomendação do corpo durou cerca de vinte minutos e foi feita em meio a grande tumulto provocado por jornalistas e fãs que queriam se aproximar do caixão.

Não foram permitidas homenagens póstumas dos fãs — vários grupos queriam se despedir da cantora —, cabendo apenas ao padre Carlito as orações de encomendação do corpo. O cantor Jair Rodrigues, que o tempo todo esteve ao lado dos pais de Elis, Erci e Romeu Costa, e do irmão, Rogério, ajudou o sacerdote, lendo um trecho do livro do Apocalipse. Em seguida, o padre leu o Evangelho de São João, que fala sobre a ressurreição de Lázaro.

O corpo de Elis Regina chegou ao Cemitério do Morumbi por volta das 12h20, seguido por um cortejo de cerca de dois mil automóveis. Um grande número de pessoas esperava o caixão no cemitério, formando uma grande confusão próximo ao túmulo. A polícia permitia apenas que os jornalistas, familiares e artistas se aproximassem da quadra sete mas o local foi invadido, dificultando a chegada do corpo no local em que ia ser enterrado. Somente a muito custo os pais da cantora puderam se aproximar do túmulo. Eles estavam acompanhados por familiares, uma enfermeira e dois médicos.

O dançarino Lennie Dale chegou ao cemitério por volta das onze horas e ficou o tempo todo chorando, desconsolado. "eu falei com a Elis na semana passada e ela me parecia bem, com muita alegria, não consigo acreditar no que aconteceu. Espero que esteja falando com Deus, lá no céu."

Lennie disse não acreditar que Elis tenha morrido pela ação de comprimidos porque "o seu único vício era fumar. Elis me dizia — explicou — que nasceu para cantar e parir". A cantora, segundo o dançarino, iria fazer um *show* depois do lançamento do novo disco que estava preparando, e ele tinha sido convidado para dirigi-la. A última vez que Lennie Dale falou com Elis Regina, fazia dez dias, por telefone, a cantora lhe disse que estava muito bem. Antes da chegada do corpo da cantora, Lennie ficou por mais de quinze minutos sentado, junto ao túmulo. Depois, sentiu-se mal e teve de ser retirado.

Estiveram ainda no cemitério os artistas Benito de Paula, Fafá de Belém, Dudu França, os jornalistas e críticos musicais Valter Silva e Silvio Lancellotti, o presidente do Partido dos Trabalhadores, Luís Inácio da Silva e o presidente do Sindicato dos Metalúrgicos de São Bernardo e Diadema, Jair Menegueli.

Lula explicou que Elis Regina se dispôs a trabalhar em favor dos metalúrgicos, principalmente em 1979, quando a Polícia Federal proibiu um *show*, para arrecadar dinheiro para os trabalhadores em greve. "Ela tinha posições políticas coerentes, batemos um longo papo uma vez, e eu fiquei admirando não só a Elis intérprete como também a artista que tinha posições definidas e não tinha medo de manifestá-las", disse Lula.

Um pouco antes do final do enterro, os pais de Elis Regina sentiram-se mal e tiveram de ser medicados. Antes de se retirar do cemitério, dona Erci deu um longo abraço no advogado Samuel McDowell, depois saiu em uma ambulância do serviço médico municipal.

(Fonte: *Folha de São Paulo*/ Ilustrada - 21/1/82.)

Elis emprestou o seu canto para denunciar
os dramas e as alegrias de seu semelhante.

ELIS REGINA

Discografia

Long-plays

1961 - Viva a Brotolândia - Continental.
Dá Sorte (*Eleu Salvador*) / Sonhando (*Dream*) (*Berry de Varzon / Ted Ellis - versão Juvenal Fernades*) / Murmúrio (*Luiz Antonio / Djalma Ferreira*) / Tu Serás (*AngeloMartignoni / Othon Russo*) / Samba Feito pra Mim (*Paulo Tito*) / Fala-me de Amor (*Take me in Yours Arms*) (*Fred Makus / Fritz Rotter - versão Max Gold*) / Baby Face (*Davis / Akst - versão Fred Jorge*) / Dor-de-Cotovelo (*João Roberto Kelly*) / Garoto Último Tipo (*Puppy Love*) (*Paul Anka - versão Fred Jorge*) / As Coisas que Eu Gosto (*My Favorite Things*) (*Richard Rodgers / Oscar Hammerstein - versão Fernando César*) / Mesmo Mentira (*Carlos Imperial*) / Amor, Amor (*Love Love*) (*Bill Caesar - versão Carlos Imperial*). Relançado em CD pela Warner - 1994.

1962 - Poema - Continental.
Poema (*Fernando Dias*) / Pororó-popó (*João Roberto Kelly*) / Dá-me um Beijo (*É Per Sempre*) (*C. Daniell / A. Trovajoli - versão Romeo Nunes*) / Nos Teus Lábios (*Haroldo Eiras / Ataliba Santos*) / Vou Comprar um Coração (*Paulo Tito / Romeo Nunes*) / Meu Pequeno Mundo de Ilusão (*My Little Corner of the World*) (*Bob Hillard / Lee Pockriss - versão José Mauro Pires*) / Las Secretarias (*Pepe Luiz - versão Martha de Almeida*) / Saudade é Recordar (*Renan França / Verinha*

Falcão) / Pizzicati-Pizzicato (*Emile Stern / Eddy Marnay - versão Fred Jorge*) / Canção de Enganar Despedida (*Walter / Joluz*) / Confissão (*Umberto Silva / Paulo Aguiar / Luiz Mergulhão*) / Podes Voltar (*Othon Russo / Nazareno de Brito*). Relançado em CD pela Warner - 1994.

(Em 1982, estes dois LPs foram relançados pela Continental, num álbum duplo, com o título *Nasce uma Estrela.*)

1963 - Elis Regina - CBS.
A Virgem de Macarena (*La Virgen de Macareña*) (*B. B. Monterde / Calero - versão A. Bourget*) / Tango Italiano (*Malgoni / Palessi / Beretta - versão Romeo Nunes* / Dengosa (*Castro Perret*) / Formiguinha Triste (*Joãozinho*) / Tristeza de Carnaval (*Mutinho / Bidu*) / Outra Vez (*Again*) (*Cohran / Newman - versão Osvaldo Santiago*) / Silêncio (*Túlio Piva*) / 1, 2, 3, Balançou (*Alcyr Pires Vermelho / Nazareno de Brito*) / À Noite (*Tonight*) (*Sondheim/L. Bernstein - versão Roberto Côrte Real*) / Ressurreição (*Pernambuco / Marino Pinto*) / Flertei... (*Castro Perret*) / Adeus Amor (*Newton Ramalho/Almeida Rêgo*). Relançado em CD pela Sony Music - 2002.

1963 - O Bem do Amor - CBS.
Alô Saudade (*Umberto Silva e Paulo Aguiar*) / Sem Teu Amor (*Luiz Mauro*) / Saudade e Carinho (*Renan França / Verinha Falcão*) / Mania de Gostar (*Luiz Mauro)* / Manhã de Amor (*Sérgio Malta / Joluz*) / Se Você Quiser (*Baden Powell / Mario Telles*) / Há uma História Triste (*Othon Russo / Niquinho*) / Domingo em Copacabana (*Roberto Faissal / Paulo Tito*) / Meus Olhos (*Aécio Kauffmann*) / Mundo de Paz (*Túlio Piva*) / O Bem do Amor (*Rildo Hora / Clóvis Mello*). Relançado em CD pela Sony Music - 2002.

1965 - Samba Eu Canto Assim - CBD - Philips.

Reza (*Edu Lobo / Ruy Guerra*) / Menino das Laranjas (*Théo de Barros*) / Por um Amor Maior (*Ruy Guerra / Francis Hime*) / João Valentão (*Dorival Caymmi*) / Maria do Maranhão (*Carlos Lyra / Nelson Lins Barros*) / Resolução (*Edu Lobo / Luiz Fernando Freire*) / Sou sem Paz (*Adylson Godoy*) / *Pot-pourri*: Consolação / Berimbau / Tem Dó (*Baden Powell / Vinícius de Moraes*) / Aleluia (*Edu Lobo / Ruy Guerra*) / Eternidade (*Luiz Chaves / Adylson Godoy*) / Preciso Aprender a Ser Só (*Marcos Valle / Paulo Sérgio Valle*) Último Canto (*Francis Hime / Ruy Guerra*). Relançado em CD pela Polygram - 1998.

1965 - Dois na Bossa - CBD- Philips (gravado ao vivo no Teatro Paramount de São Paulo, em abril de 1965, com Jair Rodrigues e Jongo Trio).

Pot-pourri: O Morro não Tem Vez (*Tom Jobim / Vinícius de Moares*) - Feio não é Bonito (*Carlos Lyra / Gianfrancesco Guarnieri*) - Samba do Carioca (*Carlos Lyra / Vinícius de Moraes*) - Esse Mundo é Meu (*Sérgio Ricardo / Ruy Guerra*) - A Felicidade (*Tom Jobim / Vinícius de Moraes*) - Samba de Negro (*Roberto Corrêa / Sylvio Son*) - Vou Andar por Aí (*Newton Chaves*) - O Sol Nascerá (*Cartola / Elton Medeiros*) - Diz que Fui por Aí (*Zé Keti / H. Rocha*) - Acender as Velas (*Zé Ketti*) - A Voz do Morro não Tem Vez (T*om Jobim / Vinícius de Moraes*) / Preciso Aprender a Ser Só (*Marcos Valle / Paulo Sérgio Valle*) / Ziguezague (*Alberto Paz / Edson Menezes*) / Terra de Ninguém (*Marcos Valle / Paulo Sérgio Valle*) / Arrastão (*Edu Lobo / Vinícius de Moraes*) / Reza (*Edu Lobo / Ruy Guerra*) / Tá Engrossando (*Alberto Paz / Edson Menezes*) / Deus com a Família (*César Roldão*) / Ué (*Osmar Navarro / Alcina Maria*) / Menino das Laranjas (*Théo de Barros*). Relançado em CD pela Polygram - 1994.

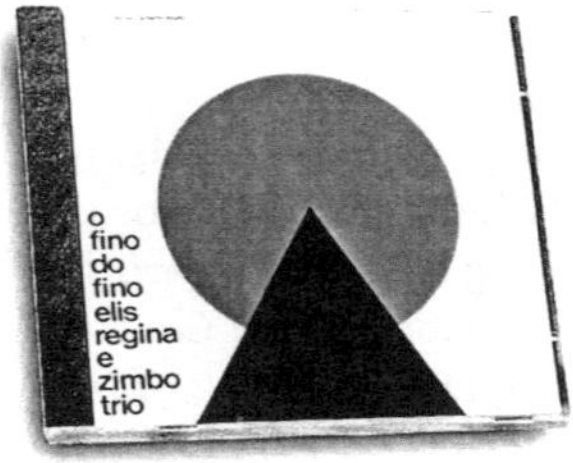

1965 - O Fino do Fino - CBD - Philips (gravado ao vivo no Teatro Record de São Paulo, com Zimbo Trio).
Zambi (*Edu Lobo / Vinícius de Moraes*) / Aruanda (*Carlos Lyra / Geraldo Vandré*) / Canção do Amanhecer (*Edu Lobo / Vinícius de Moraes*) / Só Eu Sei o Nome (*Luiz Chaves*) / Esse Mundo é Meu (*Sérgio Ricardo / Ruy Guerra*) / Resolução (*Edu Lobo / Luiz Freire*) / Samba Meu (*Adilson Godoy*) / Expresso Sete (*Rubinho Barsotti*) / Até o Sol Raiar (*Baden Powell / Vinícius de Moraes*) / Chuva (*Durval Ferreira / Pedro Camargo*) / Amor Demais (*Sílvio César / Ed Lincol*) / Samba Novo (*Durval Ferreira / Newton Chaves*) / Chegança (*Edu Lobo / Oduvaldo Vianna Filho*). Relançado em CD pela Polygram - 1994.

1966 - Dois na Bossa nº 2 - CBD - Philips (gravado ao vivo no Teatro Record de São Paulo, com Jair Rodrigues).
Pot-pourri: Introdução (*Elis / Jair*) - Samba de Mudar (*Geraldo Vandré / Baden Powell*) - Não Me Diga Adeus (*Paquito / Luiz Soberano / João da Silva*) - Volta por Cima (*Paulo Vanzolini*) - O Neguinho e a Senhorita (*Noel Rosa / A. da Silva*) - E Daí (*Miguel Gustavo*) - Samba de Mudar (*Geraldo Vandré*) - Enquanto a Tristeza não Vem (*Sérgio Ricardo*) - Carnaval (*Djalma Ferreira / Ataulfo Alves*) - Na Ginga do Samba (*Ataulfo Alves*) - Guarda a Sandália Dela (*Sereno / Germano Mathias*) - Samba de Mudar (*Veraldo Vandré*) / Canto de Ossanha (*Baden Powell / Vinícius de Moraes*) / Tristeza (*Haroldo Lobo / Niltinho*) / Tristeza que se Foi (*Adilson Godoy*) / São Salvador Bahia (*Paulo da Cunha*) / Louvação (*Gilberto Gil / Torquato Neto*) / Upa, Neguinho (*Edu Lobo / Gianfrancesco Guarnieri*) / Mascarada (*Zé Ketti / Elton Medeiros*) / Sonho de um Carnaval (*Chico Buarque*) / Amor Até o Fim (*Gilberto Gil*) / Santuário do Morro (Adylson Godoy). Relançado em CD pela Polygram - 1994.

1966 - Elis - CBD - Philips.
Roda (*Gilberto Gil / João Augusto*) / Samba em Paz (*Caetano Veloso*) / Pra Dizer Adeus (*Edu Lobo / Torquato Neto*) / Estatuinha (*Edu Lobo / Gianfrancesco Guarnieri*) / Veleiro (*Edu Lobo / Torquato Neto*) / Boa Palavra (*Caetano Veloso*) / Lunik 9 (*Gilberto Gil*) / Tem Mais Samba (*Chico Buarque*) / Sonho de Maria (*Marcos Valle / Paulo Sérgio Valle*) / Tereza Sabe Sambar (*Francis Hime / Vinícius de Moraes*) / Carinhoso (*Pixinguinha / João de Barro*) / Canção do Sal (*Milton Nascimento*). Relançado em CD pela Polygram - 1994.

1967 - Dois na Bossa nº 3 - CBD - Philips (gravado ao vivo no Teatro Paramount de São Paulo, com Jair Rodrigues).
Imagem (*Luiz Eça / Ronaldo Bôscoli*) / *Pot-pourri*: Mangueira (*Assis Valente / Zequinha Reis*) - Fala Mangueira (*Mirabeau / Milton de Oliveira*) - Exaltação à Mangueira (*Enéas Brites da Silva / Aloísio A. Costa*) - Mundo de Zinco (*Nássara / Wilson Batista*) - Levanta Mangueira (*Luiz Antonio*) - Despedida de Magueira (*Aldo Cabral / Benedito Lacerda*) - Pra Machucar Meu Coração (*Ary Barroso*) / O Ser Humano (*Osmar Navarro*) / Cruz de Cinza, Cruz de Sal (*Walter Souza/ Teresa Santos*) / Serenata em Teleco-Teco (*Gilberto Gil*) / Manifesto (*Guto / Mariozinho Rocha*) / *Pot-pourri*: Minha Namorada (*Carlos Lyra / Vinícius de Moraes*) - Eu Sei que Vou Te Amar (*Tom Jobim / Vinícius de Moraes*) - A Volta (*Roberto Menescal / Ronaldo Bôscoli*) - Primavera (*Carlos Lyra / Vinícius de Moares*) / Amor de Carnaval (*Zé Ketti*) / Marcha da Quarta-Feira de Cinzas (*Carlos Lyra / Vinicius de Moraes*) / Capoeira Camará (*Paulo da Cunha*). Relançado em CD pela Polygram - 1994.

1968 - Elis Especial - CBD - Philips. Samba do Perdão (*Baden Powell / Paulo César Pinheiro*) / Vou Te Contar - Fotografia - Outra Vez - Vou te Contar (T*om Jobim*) / De Onde Vens (*Dori Caymmi / Nelson Motta*) / Bom Tempo (*Chico Buarque*) / Da Cor do Pecado (*Bororó*) / Corrida de Jangada (*Edu Lobo / José Carlos Capinan*) / Carta ao Mar (*Roberto Menescal / Ronaldo Bôscoli*) / Vira-Mundo (*Gilberto Gil / José Carlos Capinan*) / Upa, Neguinho (*Edu Lobo / Gianfracesco Guarnieri*) / Mangueira (*Assis Valente / Zequinha Reis*) - Fala, Mangueira (*Mirabeau / Milton de Oliveira*) - Exaltação à Mangueira (*Enéas B. da Silva / Aloísio A. Costa*) - Levanta Mangueira (*Luiz Antonio*) - Despedida de Mangueira (*Aldo Cabral / Benedito Lacerda*) - Pra Machucar Meu Coração (*Ary Barroso*). Relançado em CD pela Polygram - 1994.

1969 - Elis, Como & Porque - CBD - Philips.

Aquarela do Brasil (*Ary Barroso*) - Nega do Cabelo Duro (*Rubens Soares / David Nasser*) / O Sonho (*Egberto Gismonti*) / Vera Cruz (*Milton Nascimento / Márcio Borges*) / Casa-Forte (*Edu Lobo*) / Canto de Ossanha (*Baden Powell / Vinícius de Moraes*) / Giro (*Antonio Adolfo / Tibério Gaspar*) / O Barquinho (*Roberto Menescal / Ronaldo Bôscoli*) / Andança (*Danilo Caymmi / Edmundo Solto / Paulinho Tapajós*) / Récit de Cassard (*J. Demy / Michel Legrand*) / Samba da Pergunta (*Pingarilho / Marcos Vaconcelos*) / Memórias de Marta Saré (*Edu Lobo / Gianfrancesco Guarnieri*). Relançado em CD pela Polygram - 1994.

1969 - Elis Regina & Toots Thieleamans - Phonogram - Fontana (gravado na Suécia em junho de 1969, porém, lançado no Brasil em 1978).

Wave (*Tom Jobim*) / Aquarela do Brasil

(*Ary Barroso*) - Nega do Cabelo Duro (*Rubens Soares / David Nasser*) / Visão (*Antonio Adolfo / Tibério Gaspar*) / Corrida de Jandada (*Edu Lobo / José Carlos Capinan*) / Wilsamba (*Roberto Menescal*) / Canto de Ossanha (*Baden Powell / Vinícius de Moraes*) / O Barquinho (*Roberto Menescal / Ronaldo Bôscoli*) / O Sonho (*Egberto Gismonti*) / Five for Elis (*Toots Thielemans*) / Você (*Roberto Menescal / Ronaldo Bôscoli*) / Honeysuckle Rose (*F. Waller / A. Razaf*) / A Volta (*Roberto Menescal / Ronaldo Bôscoli*). Relançado em CD pela Polygram - 1988.

1969 - Elis Regina in London - Polygram - Philips (gravado em maio de 1969 e lançado no Brasil em 1982). Corrida de Jandada (*Edu Lobo / José Carlos Capinan*) / A Time for Love (*Webster / John Mandel*) / Se Você Pensa (*Roberto Carlos / Erasmo Carlos*) / Giro (*Antonio Adolfo / Tibério Gaspar*) / A Volta (*Roberto Menescal / Ronaldo Bôscoli*) / Zazueira (*Jorge Ben*) / Upa, Neguinho (*Edu Lobo / Gianfrancesco Guarnieri*) / Watch What Happens (*Gimbel / Michel Legrand*) / Wave (*Tom Jobim*) / How Insensative (*Tom Jobim / Vinícius de Moraes- versão Gimbel*) / Você (*Roberto Menescal / Ronaldo Bôscoli*) / O Barquinho (*Roberto Menescal / Ronaldo Bôscoli*). Relançado em CD pela Polygram - 1998.

1970 - Em Pleno Verão - CBD - Philips (participação especial de Tim Maia, na faixa *These Are The Songs*). Vou Deitar e Rolar (*Baden Powell / Paulo César Pinheiro*) / Bicho do Mato (*Jorge Ben*) / Verão Vermelho (*Nonato Buzar*) / Até Aí Morreu Neves (*Jorge Ben*) / Frevo (*Tom Jobim / Vinícius de Moraes*) / As Curvas da Estrada de Santos (*Roberto Carlos / Erasmo Carlos*) / Fechado pra Balanço (*Gilberto Gil*) / Não Tenha Medo (*Caetano Veloso*) / These Are The Songs (*Tim Maia*) / Comunicação (*Edson Alencar / Hélio Matheus*) / Copacabana Velha de Guerra (*Joyce / Sérgio Flaksman*). Relançado em CD pela Polygram - 1993.

1970 - Elis - no Teatro da Praia - CBD - Philips (com Miele & Bôscoli). Introdução: Casa-Forte (*Edu Lobo*) - Reza (*Edu Lobo / Ruy Guerra*) - Noite dos Mascarados (*Chico Buarque*) - Samba da Bênção (*Baden Powell / Vinícius de Moraes*) - Makin' Whoopee (*Donaldson / Kahn*) / Zazueira (*Jorge Ben*) / Minha (*Francis Hime / Ruy Guerra*) / Irene (*Caetano Veloso*) / *Pot-pourri*: Eu e a Brisa (*Johnny Alf*) - Preciso Aprender a Ser Só (*Marcos Valle e Paulo Sérgio Valle*) - Carolina (*Chico Buarque*) - Nunca Mais (*Dorival Caymmi*) - Franqueza (*Denis Brean / O. Guilherme*) - Se Todos Fossem Iguais a Você (*Tom Jobim / Vinícius de Moraes*) / Aquele Abraço (*Gilberto Gil*) / Can't Take My Eyes of You (*Crewe / Gaudio*) / Se Você Pensa (*Roberto Carlos / Erasmo Carlos*). Relançado em CD pela Polygram - 1998.

1971 - Ela - CBD - Philips. Ih! Meu Deus do Céu (*Ivan Lins / Ronaldo Monteiro de Souza*) / Black is Beautiful (*Marcos Valle e Paulo Sérgio Valle*) / Cinema Olympia (*Caetano Veloso*) / Golden Slumbers (*John Lennon / Paul McCartney*) / Falei e Disse (*Baden Powell / Paulo César Pinheiro*) / Aviso aos Navegantes (*Baden Powell / Paulo César Pinheiro*) / Mundo Deserto (*Roberto Carlos / Erasmo Carlos*) / Ela (*César Costa Filho / Aldir Blanc*) / Madalena (*Ivan Lins / Ronaldo Monteiro de Souza*) / Os Argonautas (*Caetano Veloso*) / Estrada do Sol (*Tom Jobim / Dolores Duran*). Relançado em CD pela Polygram - 1994.

1972 - Elis - CBD - Philips. 20 Anos Blue (*Sueli Costa / Vitor Martins*) / Bala com Bala (*João Bosco / Aldir Blanc*) / Nada Será Como Antes (*Milton Nascimento / Ronaldo Bastos*) / Mucuripe (*Fagner / Belchior*) / Olhos Abertos (*Zé

Rodrix / Guarabyra) / Vida de Bailarina (*Américo Seixas / Dorival Silva*) / Águas de Março (*Tom Jobim*) / Atrás da Porta (*Francis Hime / Chico Buarque*) / Cais (*Milton Nascimento / Ronaldo Bastos*) / Me Deixa em Paz (*Ivan Lins / Ronaldo Monteiro de Souza*) / Casa no Campo (*Zé Rodrix / Tavito*) / Boa Noite, Amor (*José Maria de Abreu / Francisco Matoso*). Relançado em CD pela Polygram - 1988.

1973 - **Elis** - CBD - Philips.
Oriente (*Gilberto Gil*) / O Caçador de Esmeralda (*João Bosco / Aldir Blanc / Claudio Tolomei*) / Doente Morena (*Gilberto Gil / Duda*) / Agnus Sei (*João Bosco / Aldir Blanc*) / Meio de Campo (*Gilberto Gil*) / Cabaré (*João Bosco / Aldir Blanc*) / Ladeira da Preguiça (*Gilberto Gil*) / Folhas Secas (*Nelson Cavaquinho / Guilherme de Brito*) / Comadre (*João Bosco / Aldir Blanc*) / É Com Esse que Eu Vou (*Pedro Caetano*). Relançado em CD pela Polygram - 1993

1974 - **Elis & Tom** - CBD - Philips. (gravado em Los Angeles, Califórnia - EUA entre os dias 22 de fevereiro a 9 de março, em comemoração aos 10 anos de carreira de Elis Regina).
Águas de Março (*Tom Jobim*) / Pois É (*Tom Jobim / Chico Buarque*) / Só Tinha de Ser com Você (*Tom Jobim / Aloysio de Oliveira*) / Modinha (*Tom Jobim / Vinícius de Moraes*) / Triste (*Tom Jobim*) / Corcovado (*Tom Jobim*) / O que Tinha de Ser (*Tom Jobim / Vinícius de Moraes*) / Retrato em Branco-e-Preto (*Tom Jobim / Vinícius de Moraes*) / Por Toda Minha Vida (*Tom Jobim / Vinícius de Moraes*) / Fotografia (*Tom Jobim*) / Soneto da Separação (*Tom Jobim / Vinícius de Moraes*) / Chovendo na Roseira (*Tom Jobim*) / Inútil Paisagem (*Tom Jobim / Aloysio de Oliveira*). Relançado em CD pela Polygram - 1988.

1974 - Elis - CBD - Philips.
Na Batucada da Vida (*Ary Barroso / Luiz Peixoto*) / Travessia (*Milton Nascimento / Fernando Brant*) / Conversando no Bar (*Milton Nascimento / Fernando Brant*) / Ponta de Areia (*Milton Nascimento / Fernando Brant*) / O Mestre-Sala dos Mares (*João Bosco / Aldir Blanc*) / Amor Até o Fim (*Gilberto Gil*) / Dois Prá Lá, Dois Prá Cá (*João Bosco / Aldir Blanc*) / Maria Rosa (*Lupicínio Rodrigues / Alcides Gonçalves*) / Caça à Raposa (*João Bosco / Aldir Blanc*) / O Compositor Me Disse (*Gilberto Gil*). Relançado em CD pela Polygram - 1993.

1976 - Falso Brilhante - CBD - Philips.
Como Nossos Pais (*Belchior*) / Velha Roupa Colorida (*Belchior*) / Los Hermanos (*Atahualpa Yupanqui*) / Um Por Todos (*João Bosco / Aldir Blanc*) / Fascinação (*F. D. Marchetti / M. de Feraudy - versão Armando Louzada*) / Jardins de Infância (*João Bosco / Aldir Blanc*) / Quero (*Thomas Roth*) / Gracias a la Vida (*Violeta Parra*) / O Cavaleiro e os Moinhos (*João Bosco / Aldir Blanc*) / Tatuagem (*Chico Buarque / Ruy Guerra*). Relançado em CD pela Polygram - 1988.

1977 - Elis - Phonogram - Philips.
Caxangá (*Milton Nascimento / Fernando Brant*) / Colagem (*Cláudio Lucci*) / Vecchio Novo (*Cláudio Lucci / José Márcio Pereira*) / Morro Velho (*Milton Nascimento*) / Qualquer Dia (*Ivan Lins / Vitor Martins*) / Romaria (*Renato Teixeira*) / A Dama do Apocalipse (*Natan Marques / Crispim del Cistia*) / Cartomante (*Ivan Lins / Vitor Martins*) / Sentimental Eu Fico (*Renato Teixeira*) / Transversal do Tempo (*João Bosco / Aldir Blanc*). Relançado em CD pela Polygram - 1993.

1978 - Transversal do Tempo - Phonogram - Philips (gravado ao vivo no Teatro Ginástico, no Rio de Janeiro, entre os dias 6 e 9 de abril de 1978).
Fascinação (*F. D. Marchetti / M. de Feraudy - versão Armando Louzada*) / Sinal Fechado (*Paulinho da Viola*) / Deus Lhe Pague (*Chico Buarque*) / O Rancho da Goiabada (*João Bosco / Aldir Blanc*) / Construção (*Chico Buarque*) / Saudosa Maloca (*Adoniran Barbosa*) / Boto (*Tom Jobim / Jararaca*) / Cão Sem Dono (*Sueli Costa / Paulo César Pinheiro*) / Meio-Termo (*Lourenço Baeta / Cacaso*) / Corpos (*Ivan Lins / Vitor Martins*) / Querelas do Brasil (*Maurício Tapajós / Aldir Blanc*) / Cartomante (*Ivan Lins / Vitor Martins*). Relançado em CD pela Polygram - 1989.

1979 - Elis Especial - Polygram - Philips (após romper com a Philips, Elis sai devendo algumas músicas. A gravadora, por sua vez, aproveita provas de gravações e outras canções não aproveitadas de discos anteriores e lança este Elis Especial).
Noves Fora (*Fagner / Belchior*) / Violeta de Belfort Roxo (*João Bosco / Aldir Blanc*) / Ou Bola ou Búlica (*João Bosco / Aldir Blanc*) / Credo (*Milton Nascimento / Fernando Brant*) / Dinorah, Dinorah (*Ivan Lins / Vitor Martins*) / Joanna Francesa (*Chico Buarque*) / Bodas de Prata (*João Bosco / Aldir Blanc*) / Entrudo (*Carlos Lyra / Ruy Guerra*) / Valsa Rancho (*Francis Hime / Chico Buarque*) / Bonita (*Tom Jobim*) /Deixa o Mundo e o Sol Entrar (*Marcos Valle / Paulo Sérgio Valle*). Relançado em CD pela Polygram - 1994.

1979 - Elis, Essa Mulher - WEA.
Cai Dentro (*Baden Powell / Paulo César Pinheiro*) / O Bêbado e a Equilibrista (*João Bosco / Aldir Blanc*) / Essa Mulher (*Joyce / Ana Terra*) / Basta de Clamares Inocência (*Cartola*) / Beguine Dodói

(*João Bosco / Aldir Blanc / Cláudio Tolomei*) / Eu, Hein, Rosa! (*João Nogueira / Paulo César Pinheiro*) / Altos e Baixos (*Sueli Costa / Aldir Blanc*) / Bolero de Satã (*Guinga / Paulo César Pinheiro*) / Pé Sem Cabeça (*Danilo Caymmi / Ana Terra*) / As Aparências Enganam (*Tunai / Sérgio Natureza*). Relançado em CD pela WEA - 1987.

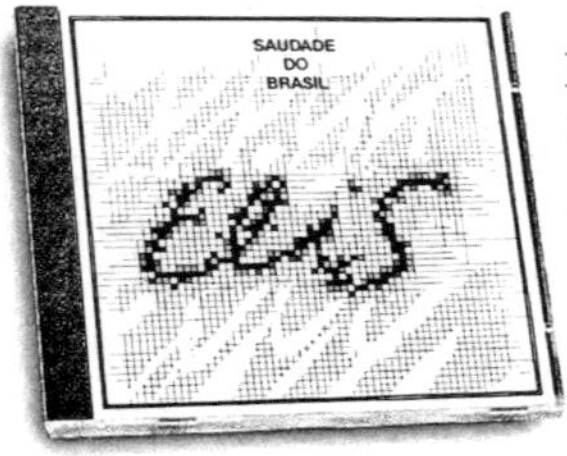

1980 - Saudade do Brasil - WEA (álbum duplo em edição limitada de 25 mil discos, contendo as músicas do *show* Saudade do Brasil).

Abertura (*César Camargo Mariano*) / Arrastão (*Edu Lobo / Vinícius de Moraes*) / Lapinha (*Baden Powell / Paulo César Pinheiro*) / Terra de Ninguém (*Marcos Valle / Paulo Sérgio Valle*) / Maria, Maria (*Milton Nascimento / Fernando Brant*) / Agora Tá (*Tunai / Sérgio Natureza*) / Alô, Alô, Marciano (*Rita Lee / Roberto de Carvalho*) / Canção da América (*Milton Nascimento / Fernando Brant*) / As Aparências Enganam (*Tunai / Sérgio Natureza*) / O Primeiro Jornal (*Sueli Costa / Abel Silva*) / Moda de Sangue (*Jerônimo Jardim / Ivaldo Roque*) / Marambaia (*Henricão / Rubens Campos*) / Presidente Bossa-Nova (*Juca Chaves*) / Conversando no Bar (*Milton Nascimento / Fernando Brant*) / Onze Fitas (*Fátima Guedes*) / Menino (*Milton Nascimento / Ronaldo Bastos*) / Aos Nossos Filhos (*Ivan Lins / Vitor Martins*) / Sabiá (*Tom Jobim / Chico Buarque*) / Mundo Novo, Vida Nova (*Luiz Gonzaga Jr.*) / Aquarela do Brasil (*Ary Barroso*) / O que Foi Feito Devera (*Milton Nascimento / Fernando Brant*) / Redescobrir (*Luiz Gonzaga Jr.*). Relançado em CD pela WEA - 1987.

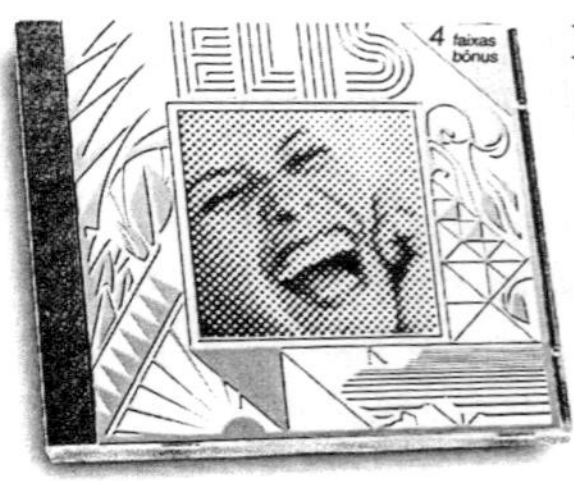

1980 - Elis - EMI - Odeon (disco lançado pela Odeon, pois a cantora já havia assinado com essa gravadora, antes do contrato com a WEA. Foi seu primeiro disco pela Odeon e o último que gravou).

Sai Dessa (*Natan Marques / Ana Terra*) / Rebento (*Gilberto Gil*) / Nova Estação

(*Luiz Guedes / Thomas Roth*) / O Medo de Amar é o Medo de Ser Livre (*Beto Guedes / Fernando Brant*) / Aprendendo a Jogar (*Guilherme Arantes*) / Só Deus é Quem Sabe (*Guilherme Arantes*) / O Trem Azul (*Lô Borges / Ronaldo Bastos*) / Vento de Maio (*Telo Borges / Márcio Borges*) / Calcanhar de Aquiles (*Jean Garfunkel / Paulo Garfunkel*) / Faixas-bônus: Tiro ao Álvaro (*Adoniran Barbosa / Osvaldo Molles*) / Se Eu Quiser Falar com Deus (*Gilberto Gil*) / O Que Foi Feito Devera (*Milton Nascimento / Fernando Brant / Márcio Borges*) / Outro Cais (*Marilton Borges / Duca Leal*). Relançado em CD pela EMI - 2002.

Discos com gravações inéditas, lançados após a morte de Elis

1982 - Elis Regina - 13th Montreux Jazz Festival - WEA - Elektra (gravado ao vivo, em julho de 1979, no Festival de Jazz de Montreux, Suíça). Cobra Criada (*João Bosco / Paulo Emílio*) / Cai Dentro (*Baden Powell / Paulo César Pinheiro*) / Madalena (*Ivan Lins / Ronaldo Monteiro de Souza*) / Ponta de Areia (*Milton Nascimento / Fernando Brant*) / Fé Cega, Faca Amolada (*Milton Nascimento / Ronaldo Bastos*) / Maria, Maria (*Milton Nascimento / Fernando Brant*) / Na Baixa do Sapateiro (*Ary Barroso*) / Upa, Neguinho (*Edu Lobo / Gianfrancesco Guarnieri*) / Corcovado (*Tom Jobim*) / Garota de Ipanema (*Tom Jobim / Vinícius de Moraes*) / Asa Branca (Luiz Gonzaga / Humberto Teixeira). *Bonus Tracks**: Amor Até o Fim (*Gilberto Gil*) / Mancada (*Gilberto Gil*) / Samba Dobrado (*Djavan*) / Rebento (*Gilberto Gil*) / Águas de Março (*Tom Jobim*) / Onze Fitas (*Fátima Guedes*) / Agora Tá (*Tunai / Sérgio Natureza*). Lançado em CD pela WEA - 1987. **Bonus Tracks* em CD relançado em 2001.

Em 1974, ano em que comemorou os dez anos de carreira, na gravadora Philips, gravando um disco com Tom Jobim.

1982 - Trem Azul - Som Livre (álbum duplo com a íntegra do *show* gravado, em outubro de 1981, no Palácio de Convenções do Anhembi, São Paulo. Elis havia assinado com a Som Livre em 26 de outubro de 1981. Leia matéria "Brilhando forte", no capítulo "Curiosidades").

Abertura / Aprendendo a Jogar (*Guilherme Arantes*) / Alô, Alô, Marciano (*Rita Lee / Roberto de Carvalho*) / O medo de Amar é o Medo de Ser Livre (*Beto Guedes / Fernando Brant*) / O Trem Azul (*Lô Borges / Ronaldo Bastos*) / Vento de Maio (*Telo Borges / Márcio Borges*) / Se Eu Quiser falar com Deus (*Gilberto Gil*) / Flora (*Gilberto Gil*) / Valsa de Eurídice (*Vinícius de Moraes*) / Canção da América (*Milton Nascimento / Fernando Brant*) / Me Deixas Louca (*Armando Manzareno - versão Paulo Coelho*) / Sai Dessa (*Natan Marques / Ana Terra*) / País do Futebol (*Milton Nascimento / Fernando Brant*) / Baila Comigo (*Rita Lee*) / Amante à Moda Antiga (*Roberto Carlos e Erasmo Carlos*) / Tema do Fantástico (*Guto Graça Mello / Boni*) / Começar de Novo (*Ivan Lins / Vitor Martins*) / Tema dos Trapalhões (*Zé Menezes*) / Menino do Rio (*Caetano Veloso*) / The Fuzz (*Frank de Vol*) / Lança-Perfume (*Rita Lee / Roberto de Carvalho*) / Nove Luas (*Natan Marques*) / O Que Foi Feito Devera (*Milton Nascimento / Fernando Brant*) / Caxangá (*Milton Nascimento / Fernando Brant*) / Maria, Maria (*Milton Nascimento / Fernando Brant*) / O Trem Azul (*Lô Borges / Ronaldo Bastos*). Relançado em CD pela Som Livre - 1992.

1984 - Elis - Luz das Estrelas - Som Livre (canções extraídas a partir de um programa gravado para a TV Bandeirantes, levado ao ar em 1976. Leia matéria "Ouro de garimpo", no capítulo "Curiosidades").

Para Lennon e Mc Cartney (*Lô Borges / Márcio Borges / Fernando Brant*) / No Dia em que Eu Vim Embora (*Caetano Veloso*) / O Mestre-Sala dos Mares (*João Bosco / Aldir Blanc*)

/ Velho Arvoredo (*Hélio Delmiro / Paulo César Pinheiro*) / A Banca do Distinto (*Billy Blanco*) / Corsário (*João Bosco / Aldir Blanc*) / Bodas de Prata (*João Bosco / Aldir Blanc*) / Gol Anulado (*João Bosco / Aldir Blanc*) / Triste (*Tom Jobim*) / Doente Morena (*Gilberto Gil / Duda*). Relançado em CD pela Som Livre - 1994.

Últimos lançamentos

1994 - Elis Regina no Fino da Bossa - Ao Vivo - Velas (caixa com 3 CDs com gravações inéditas do programa *Fino da Bossa* feitas por Zuza Homem de Mello, na época, sonoplasta do programa).

CD 1: Terra de Ninguém (*Marcos Valle / Paulo Sérgio Valle*) / Influência do Jazz (*Carlos Lyra*) / Formosa (*Baden Powell / Vinícius de Moraes*) / Lá Vem a Baiana-Saudade da Bahia-Das Rosas (*Dorival Caymmi*) / Pra Dizer Adeus (*Edu Lobo / Torquato Neto*) / Discussão (*Tom Jobim / Newton Mendonça*) / Pot-pourri *Tom Jobim*: Insensatez - Corcovado - A Felicidade - Esse Seu Olhar - Só em Teus Braços - Garota de Ipanema - Se Todos Fossem Iguais a Você / Garota de Ipanema (*Tom Jobim / Vinícius de Moraes*) / Aleluia (*Edu Lobo / Ruy Guerra*) / Samba do Avião (*Tom Jobim*) / Vem Balançar (*Walter Santos / Tereza Souza*) / Pot-pourri: Roda de Samba (*Lúcio Alves*) - Despedida de Mangueira (*Benedito Lacerda / Aldo Cabral*) - O Morro Não Tem Vez (*Tom Jobim / Vinícius de Moraes*) - Zelão (*Sérgio Ricardo*) - O Morro (*Tom Jobim / Billy Blanco*).

CD 2: Devagar com a Louça (*Haroldo Barbosa / Luís Reis*) / Mulata Assanhada (*Ataulfo Alves*) / Lunik 9 (*Gilberto Gil*) / Eu Vim da Bahia (*Gilberto Gil*) / Pot-pourri: Consolação (*Baden Powell / Vinícius de Moraes*) - Carcará (*João do Vale / José Cândido*) - Aleluia (*Edu Lobo / Ruy Guerra*) - Zelão (*Sérgio Ricardo*) / Tristeza em Mim (*Baden Powell*) / Amor em Paz (*Tom Jobim / Vinicius de Moraes*) / Bocochê (*Baden Powell / Vinícius de Moraes*) / Estamos Aí

(*Maurício Einhorn / Durval Ferreira / Regina Werneck*) / Pot-pourri: Reza (*Edu Lobo / Ruy Guerra*) - Esse Mundo é Meu (*Sérgio Ricardo / Ruy Guerra*) / Aleluia (*Edu Lobo / Ruy Guerra*) - Zambi (*Edu Lobo / Vinícius de Moraes*) - Tem Dó (*Baden Powell / Vinícius de Moraes*) - Tempo Feliz (*Baden Powell / Vinícius de Moraes*) - Arrastão (*Edu Lobo / Vinícius de Moraes*) - Menino das Laranjas (*Théo de Barros*) / Agora Ninguém Chora (*Jorge Ben*) / Falsa Baiana (*Geraldo Pereira*) / Imagem (*Luís Eça*).

CD 3: Mas que Nada (*Jorge Ben*) / Você (*Roberto Menescal / Ronaldo Bôscoli*) / Telefone (*Roberto Menescal / Ronaldo Bôscoli*) / Zé Não é João (*Baden Powell / Cyro Monteiro*) / Somewhere (*Leonard Bernstein / Stephen Sondheim*) / Sambou Sambou (*João Donato / J. Mello*) / Pot-pourri Adoniran Barbosa: Saudosa Maloca - Luz da Light - Prova de Carinho - As Mariposa - Um Samba do Bixiga - Bom Dia, Tristeza - Trem das Onze / Eu Só Queria Ser (*Vera Brasil / Miriam Ribeiro*) / Pot-pourri Carlos Lyra: Minha Namorada - Primavera - Cartão de Visita - Feio Não é Bonito - Maria Moita - Maria Ninguém - Maria do Maranhão - Aruanda - Samba do Carioca / Esse Mundo é Meu (*Sérgio Ricardo / Ruy Guerra*) / Se Acaso Você Chegasse (*Lupicínio Rodrigues / Felisberto Martins*) / Terra de Ninguém (Marcos Valle / Paulo Sérgio Valle).

1995 - **Elis ao Vivo** - Velas (Gravação inédita, ao vivo, do *show* de lançamento do disco *Elis*, em 25 de julho de 1977, no Anhembi, São Paulo. Este CD comemorou os 50 anos da cantora). Como Nossos Pais (*Belchior*) / Travessia (*Milton Nascimento / Fernando Brant*) / Morro Velho (*Milton Nascimento*) / Romaria (*Renato Teixeira*) / A Dama do Apocalipse (*Natan Marques / Crispim*) / Colagem (*Cláudio Lucci*) / Madalena (*Ivan Lins / Ronaldo Monteiro de Souza*) / Qualquer Dia (*Ivan Lins / Vitor Martins*) / Cadeira Vazia (*Lupicínio Rodrigues / Alcides Gonçalves*) / Vida de Bailarina (*Américo Seixas / Dorival Silva*) / Triste (*Tom Jobim*) / Dois Prá Lá, Dois Prá Cá (*João Bosco / Aldir Blanc*) / Mestre-Sala dos Mares (*João Bosco /

Aldir Blanc) / Transversal do Tempo (*João Bosco / Aldir Blanc*) / Cartomante (*Ivan Lins / Vitor Martins*).

1998 - Elis Vive - WEA (gravação ao vivo inédita realizada no Anhembi, São Paulo, em 1979).

Eu Hein, Rosa! (*João Nogueira / Paulo César Pinheiro*) / Cai Dentro (*Baden Powell / Paulo César Pinheiro*) / Basta de Clamares Inocência (*Cartola*) / Comadre (*João Bosco / Aldir Blanc*) / Conversando no Bar (*Milton Nascimento / Fernando Brant*) / Corsário (*João Bosco / Aldir Blanc*) / Um Por Todos (*João Bosco / Aldir Blanc*) / As Aparências Enganam (*Tunai / Sérgio Natureza*) / Essa Mulher (*Joyce / Ana Terra*) / Agora Tá (*Tunai / Sérgio Natureza*) / Lembre-se (*Tunai / Sérgio Natureza*) / Onze Fitas (*Fátima Guedes*) / Menino (*Milton Nascimento / Ronaldo Bastos*) / O Bêbado e a Equilibrista (*João Bosco / Aldir Blanc*) / Mundo Novo, Vida Nova (*Luiz Gonzaga Jr.*) / Ponta de Areia (*Milton Nascimento / Fernando Brant*) / Fé Cega, Faca Amolada (*Milton Nascimento / Ronaldo Bastos*) / Maria, Maria (*Milton Nascimento / Fernando Brant*) / *Bonus Track*: Moda de Sangue (*Jerônimo Jardim / Ivaldo Roque*).

2002 - Elis - 20 Anos de Saudade - Universal (CD duplo com registros de músicas raras, originalmente gravadas em compactos simples, e que não foram incluídas nos LPs de Elis Regina).

CD 1: Saveiros (*Dori Caymmi / Nelson Motta*) / Canção de Não Cantar (*Sérgio Bittencourt*) / Jogo de Roda (*Edu Lobo / Ruy Guerra*) / Canto Triste (*Edu Lobo / Vinícius de Moraes*) / O Cantador (*Dori Caymmi / Nelson Motta*) / Noite dos Mascarados (*Chico Buarque*) / Lapinha (*Baden Powell / Paulo César Pinheiro*) / Um Novo Rumo (*Arthur Verocai / Geraldo Flach*) / Yê-melê (*Luiz Carlos Vinhas / Chico Feitosa*) / Upa, Neguinho (*Edu Lobo / Gianfrancesco*

Guarnieri) / Samba da Bênção (*Baden Powell / Vinicius de Moraes*) / Depois da Queda (*Roberto Menescal / Ronaldo Bôscoli*) / Perdão, Não Tem (*Pelé*) / Vexamão (*Pelé*).

CD 2: Deixa (*Baden Powell / Vinícius de Moraes*) / A Noite do Meu Bem (*Dolores Duran*) / Noite dos Mascarados (*Chico Buarque*) / Tristeza (*Haroldo Lobo / Niltinho*) / Verão Vermelho (*Nonato Buzar*) / Osanah (*Tony Osanah*) / A Fia de Chico Brito (*Francisco Anysio*) / Entrudo (*Carlos Lyra / Ruy Guerra*) / Exaltação a Tiradente (*Estanislau Silva / Décio Antonio Carlos / Penteado*) / Alô, Alô, Taí, Carmen Miranda (*Maneco / Wilson Diabo / Heitor*) / Cadeira Vazia (*Lupicínio Rodrigues / Alcides Gonçalves*) / Canto de Ossanha (*Baden Powell / Vinicius de Moraes*) / Rosa Morena (*Dorival Caymmi*) / Carlos Cará (*João do Vale / José Cândido / Renato Corte Real*).

Coletânea de discos de montagens

1961 - Elis (é) Regina - Continental (compilação dos discos *Viva a Brotolândia* e *Poema*).

1968 - Ellis Regina - La Regina Della Canzone Brasiliana - CBS, Itália (compilação dos discos *Ellis Regina* e *O Bem do Amor,* ambos de 1963, lançado somente na Itália).

1970 - Elis Regina - Série "Autógrafos de Sucesso" - CBD - Philips.

1971 - Ellis Regina - CBS (compilação dos discos *Ellis Regina* e *O Bem do Amor*, ambos de 1963).

1973 - Elis - Série "Autógrafos de Sucesso nº 2" - CBD - Phonogram.

1975 - A Arte de Elis Regina - CBD - Fontana.

1979 - O Melhor de Elis - Polygram.

1981 - Elis Regina e Seus Amigos em Encontros Históricos - Polygram - Fontana (gravações de músicas feitas por Elis com outros cantores e compositores como Gilberto Gil, Tom Jobim, Pelé, Chico Buarque, Tim Maia e outros).

1982 - Elis Regina Carvalho Costa - Por Uma Amor

Maior (relançamento em caixa com quatro LPs, pela Polygram/Philips, gravadora de Elis por quinze anos).

1982 - **Elis Regina - Nasce Uma Estrela** - Continental (álbum duplo com os dois primeiros discos gravados pela cantora: *Viva a Brotolândia* [1961] e *Poema* [1962]).

1983 - **Elis - Vento de Maio** - EMI - Odeon.

1983 - **O Prestígio de Elis Regina** - Polygram - Selo Fontana.

1983 - **A Arte Maior de Elis Regina** - Polygram - Selo Fontana (álbum duplo).

1983 - **Elis Regina Interpreta João Bosco e Aldir Blanc** - Polygram - Selo Fontana.

1984 - **Elis Vive** - Opus Vídeo e Fonográfica - Selo Elenco.

1984 - **Nada Será Como Antes - Elis Interpreta Milton Nascimento** - Polygram - Selo Fontana.

1985 - **A Bossa Maior de Elis Regina** - Opus-Vídeo e Fonográfica.

1987 - **Personalidade - Elis Regina** - Polygram - Philips.

1988 - **Presença de Elis Regina e Maysa** - CBS.

1988 - **Fascinação - O Melhor de Elis Regina** - Polygram - Philips.

1990 - **Elis e Jair - Dois na Bossa** - Polygram - Laser.

1990 - **Elis Regina** - WEA.

1991 - **O Melhor de Elis Regina** - Polygram.

1992 - **Personalidade - Elis Regina Vol. 2** - Polygram - Philips.

1992 - **Mestres da MPB** - Elis Regina - WEA.

1992 - **Elis por Ela** - WEA.

1993 - **Elis Regina - Minha História** - Polygram - Philips.

1993 - **Elis - O Mito** - SIGLA.

Compactos Simples

1965 - CBD - Philips - Menino das laranjas/Sou sem paz.
1965 - CBD - Philips - Arrastão/Aleluia.
1965 - CBD- Esse mundo é meu/Resolução.
1966 - CBD - Canto de Ossanha/Rosa Morena.
1966 - Rosenblit/Artistas Unidos - Ensaio geral/Jogo de roda.
1966 - CBD - Philips - Upa, neguinho/Tristeza que se foi.
1966 - CBD - Philips - Saveiros/Canto triste.
1967 - CBD - Philips - Travessia/Manifesto.
1968 - CBD - Philips - Yê-Melê/Upa, neguinho (gravado ao vivo em Cannes, França, no Festival do MIDEM).
1968 - CBD - Philips - Canção do sal/Samba da bênção (gravado ao vivo no Teatro Olympia de Paris, em 1968).
1968 - CBD - Philips - Lapinha/Cruz de cinza, cruz de sal.
1969 - CBD - Philips - Casa forte/Memórias de Marta Saré.
1969 - CBD - Philips - Perdão não tem/Vexamão (composições de Pelé).
1972 - CBD - Philips - Águas de março/Entrudo.
1979 - WEA - Elektra - O bêbado e a equilibrista/As aparências enganam.
1980 - WEA - Elektra - Alô, alô, marciano/No céu da vibração.
1980 - EMI - Odeon - Se eu quiser falar com Deus/O trem azul.
1982 - Som Livre - Me deixas louca/Baby face.

Compactos duplos

1966 - CBD - Philips - Menino das laranjas/Último canto/Preciso aprender a ser só/João Valentão.
1966 - CBD - Philips - *pot-pourri* com Jair Rodrigues,

do LP *Dois na Bossa nº* 1/Deus com a família/Ué - (Dois na Bossa).

1966 - CBD - Philips - Saveiros/Jogo de roda/Ensaio geral/Canto triste.

1968 - CBD - Philips - Deixa/A noite do meu bem/ Noite dos mascarados/Tristeza - (Elis Regina em Paris).

1969 - CBD - Philips - Andança/Samba da pergunta/O sonho/Giro - (Elis nº 1).

1970 - CBD - Philips - Madalena/Fechado pra balanço/ Falei e disse/Vou deitar e rolar.

1971 - CBD - Philips - Osanah/Nada será como antes/ A fia de Chico Brito/Casa no campo.

1976 - Phonogram - Philips - Como nossos pais/Um por todos/Fascinação/Velha roupa colorida - (Falso Brilhante).

Participações especiais

1974 - Phonogram - Philips - Cadeira Vazia - Em compacto duplo Lupicínio Rodrigues na interpretação de Caetano Veloso, Elis Regina, Gal Costa e Gilberto Gil.

1964 - RGE - Terra de Ninguém - Em *A Bossa no Paramount*, junto com Marcos Valle, gravado em 1964 e lançado em 65.

1966 - Rosenblit - Selo Artistas Unidos - Ensaio Geral/ Jogo de roda - Em *Viva o Festival da Música Popular Brasileira*, ao vivo, no Teatro Record (São Paulo), 1966.

1966 - CBD - Philips - Saveiros/Canção de não cantar/ Jogo de roda - Em *Festival dos Festivais*.

1967 - CBD - Philips - Noite dos Mascarados (junto com Chico Buarque) - Em *Garota de Ipanema* (trilha sonora do filme).

1967 - CBD - Philips - O Cantador - No *3º Festival da Música Popular Brasileira* - CBD/Philips - 1967

1968 - CBD - Philips - Um Novo Rumo - No *I Festival Universitário de Música Popular Brasileira.*

1968 - CBD - Philips - Lapinha - Na *I Bienal do Samba.*

1969 - CBD - Forma - Depois da Queda - Em *O Conjunto de Roberto Menescal.*

1971 - Phonogram -Philips - Tiradentes - Em *Os Maiores Samba-Enredos de Todos os Tempos.*

1972 - Phonogram -Philips - Alô ... Alô ... Taí Camem Miranda - em *Os Maiores Sambas-Enredos de Todos os Tempos.*

1973 - Phonogram -Philips - É com esse que eu vou/ Ladeira da preguiça (com Gilberto Gil) - *Em Phono 73 - O Canto de Um Povo.*

1975 - Gravadora Marcus Pereira - Boi Barroso/Alto da bronze/Os homens de preto - Em *Música Popular do Sul* - disco 1.

1978 - EMI - Odeon - O Que Foi Feito Devera (De Vera), junto com Milton Nascimento - Em *Clube da Esquina nº2.*

1980 - EMI - Odeon - Tiro ao Álvaro (junto com Adoniran Barbosa).

1980 - Ariola - A Corujinha - Em *A Arca de Noé* - Ariola.

1980 - WEA - O Pequeno Exilado (junto com Raul Ellwanger) - Em *Raul Ellwanger.*

1980 - EMI - Odeon - Outro Cais - Em *Os Borges.*

1984 - Estúdio Eldorado - Prefixo Fino da Bossa (Elis Regina e Adoniran Barbosa)/Saudosa maloca/Bom dia, tristeza (e outras canções com Adoniran Barbosa) - Em *Adoniran Barbosa - Documento Inédito.*

Na casa da Serra da Cantareira, o sonho da "casa no campo", 1980.

ELIS REGINA

Bibliografia

• *Furacão Elis* - De Regina Echeverria (Editora Globo, Rio de Janeiro, 1994).

• Elis Regina - De Zeca Kiechaloski (da coleção "Esses Gaúchos", Tchê Comunicações, Porto Alegre, 1984).

• Programas dos *shows*: *Elis, essa mulher* (1979); *Saudade do Brasil* (1980); *Trem Azul* (1981).

• *Violão & Guitarra MPB* (ed. nº 3, 1976; Ano I, nº 10, 1981).

• Revista *Manchete* (1970; julho/79; 1980; 21/1/92).

• Revista *Veja* (1/5/74; outubro/76; 14/9/77; 25/10/78; 1/9/82; 5/12/84; 20/4/88; 11/5/94).

• Revista *Música* (Ano I, nº 2, julho/76; 1979).

• Jornal *City News* (15/10/78).

• Jornal *Folha de São Paulo* (14/3/78; 13/5/79; 20/1/82; 21/1/82; 24/1/82; *Folhetim* junho/79; *Ilustrada* 20/1/82; 12/5/94).

• Jornal *O Estado de São Paulo* (*Caderno 2* - 21/1/90 e 27/1/90).

• *Jornal da Tarde* (4/6/79; 20/9/80; 20/1/82; 7/5/94).

• Jornal *O Globo* (25/10/78).

• Jornal do Brasil (10/3/78; *Revista de Domingo* 19/1/92).

• Jornal *Última Hora* (Suplemento Especial 7 e 8/10/78).

• Informativo *Elis Em Movimento.*

• Informativo *Rede Globo* (Boletim nº 403 - de 27/9 a 3/10/80).

• Informativo *TV Bandeirantes* (Boletim nº 145 - de 23 a 29/10/76).

• Depoimento ao programa *Jogo da Verdade*, da TV Cultura (5/1/82).